그래서, 나는 내가 되기로 했다

그래서,
나는 내가 되기로 했다

초 판 1쇄 2022년 05월 30일

지은이 김다은
펴낸이 류종렬

펴낸곳 미다스북스
총괄실장 명상완
책임편집 이다경
책임진행 김가영, 신은서, 임종익, 박유진

등록 2001년 3월 21일 제2001-000040호
주소 서울시 마포구 양화로 133 서교타워 711호
전화 02) 322-7802~3
팩스 02) 6007-1845
블로그 http://blog.naver.com/midasbooks
전자주소 midasbooks@hanmail.net
페이스북 https://www.facebook.com/midasbooks425
인스타그램 https://www.instagram.com/midasbooks

ISBN 979-11-6910-028-1 03190

값 **16,500원**

미다스북스는 다음세대에게 필요한 지혜와 교양을 생각합니다.

Remember who you are

그래서, 나는 내가 되기로 했다

기억하세요

당신이

누구인지

-

김다은 지음

미다스북스

Remember who you are

목표가 흐릿해지고 처음의 그 열정이 식어가고 있다면

'왜' 내가 이 일을 해야 하는지,

'왜' 하려고 하는지 깊이 생각해보면 어떨까.

하형록, 미국 최고의 건축설계회사 팀하스 그룹 회장, 〈P31〉, 〈페이버〉 등의 저자

나는 이런 책이 좋다: 읽기 쉽고, 솔직하고, 나와 공통성이 있고, 웃음을 주며 순간적으로 눈에 눈물을 고이게 하고, 동시에 알차고 배움이 많아 새것을 볼 수 있게 해주며, 도전하고 싶은 자부심을 심어 주고, 새로운 시작을 할 수 있는 조언뿐만 아니라 단계별로 실천할 방법까지 제공해 주는 책이다.

이 책은 젊은이들 뿐만 아니라 멘토나, 부모 형제, 교육자들에게도 권하고 싶다. 많은 교양, 코칭 책들은 작가 개인의 의견에 집중하지만, 이책은 작가가 400권의 책 속에서 발견한 삶의 지혜와 조언들이 담겨 있고 그 삶의 지혜와 조언이 마치 창가로 들어오는 따뜻한 햇살처럼 가슴에 들어온다. 무엇보다 작가 특유의 투명함과 솔직함에 더욱 책의 다음 장을 넘기고 싶도록 해준다.

4차 산업 혁명은 단순히 기술을 받아들이는 것에만 있는 것이 아니다. 저자는 어떠한 새로운 마음가짐과 플랫폼이 우리에게 성공과 행복을 가져다 주는지 이 책을 통해 보여준다. 이 책은 이 시대의 보배다.

어느 날 갑자기 인터뷰를 하고 싶다며 장문의 메시지가 왔습니다. 대부분의 사람들이 녹록지 못한 자기 현실 속에서 상처받아 위로를 얻기 위해서 연락을 합니다. 하지만 김다은 작가는 지금보다 더 나은 삶을 위해, 비전을 위해서 조언을 구하고 싶다고 했습니다. 그 자체로 이미 이 사람은 특별한 사람이라는 걸 첫 만남에서부터 알아봤습니다. 이 사람은 세상에 꼭 필요한 사람이고, 세상을 위해 최대한 더 많은 사람들에게 알려져야 할 사람이라는 걸 말입니다.

사람을 기분 좋게 하고 미소 짓게 만들면서도 배움에 대한 열정과 호기심 가득한 눈빛은 자꾸만 도와주고 싶은 마음을 불러일으켰습니다. 세상에서 가장 강한 사람은 지위가 높거나 가진 것이 많거나 유명한 사람이 아니라 곁에서 도와주는 사람이 많은 사람입니다. 모두가 경쟁하는 사회에서 누군가 진정한 내 편이 되어주는 것은 쉽지 않은 일입니다. 하지만 그것을 가능하게 만드는 힘, 만나는 사람들을 하나 둘 내 편으로 만들고 나를 도와주고 싶게 만드는 힘은 성장하고 꿈꾸는 사람이 발휘할 수 있는 가장 강력한 힘입니다.

그 특별한 힘은 거인이 자기의 어깨에 기꺼이 그를 태워주고 싶게 만듭니다. 그 특별한 힘을 가진 사람은 언제나 겸손하게 배우고, 감사함을 표현하며 받은 것을 더 많은 사람들의 유익을 위해 열정적으로 나누는 사람입니다. 그것이 바로 선한 영향력입니다. 선한 영향력의 출발은 '나'로부터 비롯됩니다.

이 책에는 같은 시대를 살아가는 20대 청년이 자신의 삶에 본질적인 질문을 던지며 사는 대로 생각하는 것이 아니라 생각하는 대로 살겠다는 결단과 실행 속에서 겪은 변화의 과정이 담겨있습니다. 그 과정에서 넘어지고 아플 때도 있었습니다. 하지만 다시 용기를 내어 일어서서 스스로 할 수 있는 것을 찾기 시작하는 그 과정은 우리에게 '나도 할 수 있다'는 용기와 도전, 희망을 선물해 줄 것입니다. 그 모든 변화의 시작은 '나'에 대한 질문을 던지는 것으로 출발합니다.

이 책은 당신의 삶에 소중한 선물이 될 것입니다. 온전히 지금 이 순간을 살고 나 자신으로 사는 것은 내가 나에게 줄 수 있는 가장 소중한 선물입니다. 김다은 작가가 누리고 있는 그 선물을 당신도 누렸으면 좋겠습니다.

장재훈, 비저니어스 대표, 챕터투 한국 대표

책에는 여러 종류가 있다.

정보나 지식을 접하는 책, 지혜를 배울 수 있는 책,

동기 부여를 받을 수 있는 책 등 많은 종류가 있다.

『그래서, 나는 내가 되기로 했다』는 삶을 만나는 책이다.

책을 읽으며 김다은 작가의 삶을 만날 수 있다.

그리고 책을 읽고 나서는 진정한 '나'의 삶을 만나게 해주는 책이다.

코로나 시대, N포 세대, 헬조선, 흙수저, 욜로족 등

이 시대 청년들에게 절망을 주는 단어들이 가득하지만

그럼에도 이 시대에 김다은 작가처럼 살아가는 청년들이 있기에

여전히 이 땅에 소망이 있는 듯하다.

동시대를 살아가는 청년으로서

더 많은 청년들이 이 책을 통해 자신의 비전을 찾고

오리지널 디자인을 회복하길 바라는 마음에

이 책을 추천한다.

허대리, 17만 유튜버(〈N잡하는 허대리〉, 〈사업공부〉, 〈모티브〉 등)

20대 내내 성공하고 싶어서 여러 시행착오와 방황을 겪었다.

그렇게 깨달은 것이 하나 있는데,

성공을 하기 위한 첫단추가 나의 탁월함을 찾는 일이라는 것이다.

세상에는 자신의 강점을 발견하는 방법론들이

많이 있지만 이 책이 특별하다고 느낀 이유는

김다은 작가의 시간과 노력,

방황의 흔적이 솔직하면서도 고스란히 묻어 있기 때문이다.

단순히 방법론을 제시하는 것이 아니라

직접 몸으로 경험한 시행착오를

그야말로 '알차게' 이 책에 옮겨 놓았다.

요즘 시대에 성공하는 가장 현명한 방법은

좋은 대학이나 자격증이 아니라

자신의 탁월함을 발견하고

그것을 세상에 어떻게 사용할 것인가를 깨닫는 것이라 생각한다.

자신을 발견하는 그 시작에 이 책이 함께했으면 좋겠다.

Remember, who you are. 기억하세요, 당신이 누구인지

나는 열일곱 살 때까지 늘 세상이 정해놓은 기준으로 살아왔다. "대학을 졸업하고 대기업 취직하면 성공한 인생이야." 하는 사람들의 이야기를 들으며 '왜 사람은 다 다른데 모두가 똑같은 인생을 살아야 해? 그 기준은 누가 정한 걸까?' 의문이 들기도 했지만 결국엔 '남들이 다 그렇게 하니까 그렇게 해야 하는 건가 보다.'라고 생각했다. 나만의 명확한 기준도 없었고 앞으로 어떻게 살아갈지 뚜렷한 방향은 더더욱 없었다. 하지만, 남들의 기준에 맞추기 위해 적성에 맞지 않았던 전공을 선택하고 나서야 비로소 깨달을 수 있었다.

'나는 이제껏 내가 원하는 일에 대해 진지하게 고민해보고, 내 깊은 내면의 소리에 귀 기울인 적이 없었구나.'

오랜 방황의 끝에서, 나는 비로소 나의 내면의 소리에 온전히 귀를 기울이게 되었다. 그러자 이런 외침이 들려왔다.

"너는 너만의 고유한 목적이 있어. 그 길은 남과 비교하지 않아도 되는, 너만이 갈 수 있는 길이야. 단순히 남들이 하라고 해서 하는 일이 아닌, 네게 진정한 기쁨과 만족을 주는 일을 찾아봐."

나는 내가 좋아하는 일은 무엇이고, 앞으로 나는 어떤 일을 해야 하는지 자아를 탐구하는 시간을 갖기 위해 대학을 2년간 휴학했다. 휴학 초반에는 내 앞에 놓인 불확실한 미래와 막막한 현실이 너무 두렵게 느껴졌다. 갈 바를 알지 못하고 다음 걸음을 내디뎌야 한다는 것이 두려웠고, 어느 곳에도 소속되어 있지 않은 상황은 나를 사무치게 외롭게 만들기도 했다. 하지만 이러한 과정을 통해서 나의 외로움과 아픔 너머에 있는 다른 이들의 아픔을 볼 수 있게 되었고, 공감하고 위로할 수 있게 되었다.

"개인의 소명은 자기 안의 강한 기쁨과 세상의 강한 갈망이 만나는 지점에 있다."

신학자 프레드릭 버큐너의 말처럼 주변을 돌아보니, 많은 사람들이 나처럼 자신의 목적에 대해 깊은 갈증을 느끼고 있다는 것을 알게 되었다. 그리고 나는 깨달았다.

'아, 나는 내가 치열하게 고민했던 것처럼 '내 삶의 목적은 무엇일까?'

라는 고민을 하고 있는 이들을 위해서 이 땅에 있는 것이구나. 이들이 자신들의 고유함을 회복하고 자신들의 가치를 알 수 있도록, 그래서 그 가치대로 살아갈 수 있도록 도와야겠다.'

이것이 내가 지금 책을 쓰고 있는 이유이자 이 메시지를 다양한 도구로 전하고 있는 이유이다.

이 책은 초등학교 6학년 때부터 중학교, 고등학교에서 내게 큰 영향을 주었던 몇 가지의 사건들과 대학교 휴학 기간을 포함한 4년간의 온전한 나를 찾는 여정을 통해 나의 고유함을 어떻게 발견하고, 나만의 목적을 어떻게 찾아올 수 있었는지에 대한 내용으로 구성되어 있다.

이 책의 5번째 챕터에서는 나의 이 여정을 '온전한 나 찾기 7 STEP'으로 정리해 보았다. '온전한 나 찾기 7 STEP'을 차근차근 잘 따라오신다면 나만의 고유한 목적이 무엇인지, 내가 좋아하고 잘하는 일은 무엇인지, 앞으로 어떤 방향으로 나아가야 하는지에 대한 큰 힌트를 얻을 수 있을 것이라 생각한다. 또 이 책에서는 내가 끊임없이 도전하고 성장할 수 있도록 기초가 되어준 여러 가지 노하우와, 여러 가지의 도전을 혼자서도 당당하게 해올 수 있었던 방법과 다양한 자기 경영 팁들을 담았다. 가야 할 길을 알지 못하고 무작정 떠났던 길이라 필연적으로 겪어야만 했던 나의 여러 시행착오들을 독자분들께서는 이 책을 통해 최대한 줄일 수 있기를 바라는 마음이다. 내가 이 여정을 통해 나의 고유함을 발견하고 나만의 목적으로 살아갈 수 있게 된 것처럼 이 책이 자신만의 고유한 목적을 찾는 독자분들의 여정에 도움이 되기를 소망한다.

마지막으로 책을 잘 마무리할 수 있도록 도움을 주신 기성준 작가님, 전대진 작가님, 송수용 대표님, 성장할 수 있는 마인드를 가르쳐주시고 독서로 완전히 제 뇌를 바꿔주신 정회일 작가님, 또 〈비저니어링〉 프로그램으로 영성 깊은 가르침과 배움을 제게 주신 장재훈 대표님, 클레버리 비즈니스 코스로 여러 가지 사업에 관련된 도전을 할 수 있게 해주신 허대리님께 감사의 말씀을 전하고 싶다. 대나무와 고사리의 비유로 나를 응원해주시고 따뜻한 사랑을 가르쳐주신 존경하는 하형록 회장님께 마음 깊이 감사드린다. 또 책을 출판할 수 있도록 도움을 주신 미다스북스 출판사에게도 깊은 감사를 전한다.

늘 기도로 힘을 더해주시고 이 모든 과정을 함께해주신 부모님, 너무 감사합니다! 모두 덕분입니다!

2022년 봄, 저자 김다은 올림

Remember who you are

나에게도 굳은 결단이 필요했다.

'주변의 시선'과 '보여지는 나'에 집중하는 것이 아닌

'나의 내면'에 더욱 귀 기울이겠다는 결심 말이다.

PART 1

Remember who you are

내 인생은
왜 이럴까요?

...

지금 이 학교 나가면,
네 인생은 망할 거야!

사람들이 교육을 받고 있다는 사실은 문제될 것이 없다.
문제는 그들이 가르침 받는 것에 의문을 제기할 만큼 충분히 교육받는 것이 아니라
가르침 받는 것을 믿을 만큼만 교육받는다는 것이다.

- 엠제이 드마코, 『부의 추월차선 완결판 언스크립티드』 -

기숙형 과학 중점 고등학교에 1학년으로 재학 중이었던 나는 자퇴서를 들고 엄마와 함께 1층 복도를 지나고 있었다. 짐을 가지고 교감실 앞으로 가니 학생 부장 선생님께서 오셔서 나에게 속삭이듯 말씀하셨다.

"너 지금 이렇게 이 학교를 나가면 좋은 대학도 못 갈 거고, 네 인생은 망할 거야."

학교에서는 엄마에게 사과를 하며 조치를 취하겠다고 했다. 그리고 자

퇴를 하지 않는 방향으로 생각해달라고 부탁했지만 엄마의 태도는 강경
했다. 사건의 전말은 이러했다. 얼마 전, 학교에 새로 오신 선생님이 내
게 메신저로 이런 메시지들을 보내왔다.

"나 세차하러 가는데 내가 태워줄게. 우리 만날래?"
"너 귀엽다. 나는 예쁘고 귀여운 스타일이 좋더라."

무서웠다. 선생님이 학생에게 이런 말씀을 하시는 건 정말 아닌 것 같
다는 생각에 부모님께 이 사실을 말씀 드렸다. 부모님은 무슨 그런 선생
님이 학교에 다 있냐며 노발대발하셨다. 이어서, 엄마는 오래 고민하신
듯 내게 조용히 물어보셨다.

"너 전학 가고 싶다고 했었지? 엄마가 예전부터 생각하고 있었던 학교
가 있어. 국제 학교인데 기독교 대안 학교야. 네가 말했던 획일화된 공교
육 시스템에 대한 회의감은 일반 학교로 전학을 간다고 해도 똑같이 해
결되지 않을 거고, 그 상황은 지금과 별반 다른 것이 없을 거야. 그렇다
면 네가 선택해. 그 국제 학교를 갈지, 아니면 지금 다니고 있는 학교에
계속 다닐지 말이야."

나에게 내색은 하지 않으셨지만 엄마는 순조롭지 않았던 내 학교생활

을 지켜보며 전국에 있는 모든 대안 학교를 오랜 시간 동안 알아보고 계셨다는 걸 나중에서야 알게 되었다. 넉넉한 형편은 아니었지만 자식을 위해서라면 좋은 환경에서 좋은 교육을 받을 수 있게 지원해주고 싶으신 마음에 용인에 있는 기독교 국제 학교를 고려하고 계신 것이었다. 국제 학교 모집 요강을 살펴보니 공교육과는 달리 독서를 통한 인성 교육뿐만 아니라 영어 수업과 악기 레슨 등 개인의 장점을 잘 살려 교육할 수 있도록 한다고 했다. 특별히 신앙을 중요하게 생각하신 엄마는 모든 교사들이 신앙 안에서 딸을 잘 케어해줄 거라고 기대하셨다.

나는 엄마의 말씀을 듣고 고민을 하다가 기독교 대안 학교에 가기로 결정했다. 엄마는 나의 의견을 들으시고, 다음 날 학교로 바로 오셨다. 그렇게 모든 일은 일사천리로 진행이 되는 듯했다.

하지만 교감실 앞에서 들었던 학생 부장 선생님의 저주 섞인 말은 나를 오랫동안 힘들게 했다. 나의 결정이 반드시 옳았다는 것을 선생님께, 그리고 친구들에게 보여줘야 했다. 한번은 가르침을 받고 있던 멘토님께 학생 부장 선생님의 그 말 때문에 계속 힘들다고 말씀드린 적이 있다. 멘토님은 내게 말씀하셨다.

"누군가 나에게 던졌던 비난의 에너지를 다른 곳에서 풀지 말고 축적시켜서 꿈을 향해 나아가는 것에 쏟으세요."

학생 부장 선생님이 내게 던진 말은 '내가 잘 가고 있는 건가, 잘하고 있는 건가?'라는 생각이 들 때마다 내 가슴을 아프게 후벼파기도, 때로는 비참한 기분이 들게 하기도 했다. 하지만 좋지 않은 영향만 있었던 것은 아니었다. 그때의 아픔이 반드시 성공한 모습을 보여줘야겠다며 굳게 마음먹을 수 있었던 자극제가 되어주기도 했기 때문이었다.

친구를 위한 행동이
집단 따돌림으로 이어지다

인성은 쉽고 조용하게 계발될 수 없다.
시련과 고통의 경험을 통해서만 영혼은 강해지고,
야망이 고무되고, 성공이 이뤄질 수 있다.

- 헬렌 켈러 -

남들 앞에 서서 이야기하고 발표하는 것을 좋아했던 나는 초등학교 6학년이 되어서 부반장이 되었다. 당시에 나는 반에서 괴롭힘을 당하는 친구가 있으면 대신 싸워줄 만큼 친구를 좋아했다. 나는 여러 친구들 중 4명의 가장 친한 친구들과 시간을 많이 보냈는데, 우리는 쉬는 시간에 모여 늘 함께 놀고 이야기를 나눴다. 그중에서 우리 반 반장 연지(가명)와 가장 친했다. 연지와는 집도 같이 가고, 밥도 같이 먹고 서로의 속마음도 함께 나눴다.

하지만, 내 눈에 늘 밟히던 한 친구가 있었다. 주현(가명)이라는 친구였다. 주현이는 늘 혼자 다녔다. 주현이는 눈매가 찢어진 편이라 그냥 쳐다본 것이었는데도 다른 아이들은 주현이가 자신을 째려본다며 늘 수군거렸다.

다른 친구들에게 들어보니 주현이는 5학년 때 왕따를 당한 적이 있다고 했다. 그래서 다른 아이들이 주현이를 별로 좋아하지 않는다고 말했다. 나는 주현이를 도와주고 싶은 마음에 주현이에게 다가가 계속 말을 걸었고 주현이 집에 놀러 가서 같이 공부도 하고 함께 놀기도 하면서 금방 친해졌다. 한번은 주현이가 내게 말했다.

"연지가 나보고 매일 같은 후드 티만 입는다고 욕을 했대."
"에이, 자주 입을 수도 있지~ 너무 속상해하지 마. 연지도 검은색 바지 자주 입잖아."

나는 주현이를 위로해 주었고 내 친구들에게도 주현이를 소개했다. 주현이가 원래는 착한 친구라며 내가 나서서 해명까지 하면서 우리와 다같이 잘 어울릴 수 있도록 도와주었다. 그렇게 해서 내 친구들은 전부 주현이와 친해졌고 주현이를 포함해서 우리는 6명이 되었다. 하루는, 선생님 심부름을 다녀왔는데 친구들이 나만 빼놓고 자기들끼리 나를 힐끔힐끔 쳐다보며 속닥거리는 것이었다. 분위기가 싸했다. 그러고 보니 며칠 전부터 연지는 나와 하교도 같이 하지 않으려고 했고 다른 친구들은 내 인사를 잘 받아주지도 않았다. 그날 점심을 먹기 전에 소위 우리 학교 일진이었던 반 친구, 민정(가명)이가 내게 다가와서 퉁명스러운 목소리로 이야기했다.

"야, 김다은, 점심시간에 너 운동장으로 잠깐 나와."

무슨 일인가 싶어서 연지와 다른 친구들에게 물었더니 자기들에게도 민정이 무리가 운동장으로 나오라고 말했다고 했다. 다 같이 나오라고 하는 거 보니 '별일 아닌가 보다' 싶어서 점심을 먹고 친구들과 같이 운동장으로 나갔다. 그랬더니 각 반에서 잘 나간다 하는 친구들이 다 모여 있었다. 우리는 운동장 계단에 앉았고 그 아이들은 나를 째려보며 이야기했다.

"김다은, 네가 나 가난하다고 욕했다며? 연지랑 주현이, 너랑 같이 노는 애들이 네가 우리 욕 엄청 하고 다녔다고 그러던데? 그리고 네가 연지랑 주현이 욕도 엄청 했다며?"

나는 얼굴을 붉히며 절대 그런 적이 없다고 이야기했다. 생각해보니 반장, 연지가 "민정이는 우유 급식을 지원받는데 집이 가난해서 그렇대. 쟤네 집에 냄새날 것 같지 않냐?"고 키득거리면서 내게 말했던 것이 생각났다. 그런데 연지는 본인이 한 이야기를 내가 한 것처럼 민정이에게 전한 것이었다.

심지어 내가 마음을 다해서 도와주었던 주현이는 내가 위로의 말로 건넸던 이야기까지 교묘하게 바꿔서 "다은이가 연지는 매일 똑같은 바지만 입는다고 뒤에서 연지 욕을 했어."라고 이야기하고 다녔다. 거기에 있는 모든 아이들이 한편이 되어 나를 욕했다. 내가 한 것이 아니라고 아무리 이야기를 해도 내 말을 절대 믿어주지 않았다. 그 아이들은 수업 시작을 알리는 종이 울릴 때까지 나를 둘러싸고 욕하고 비난했다. 그리고는 앞으로 학교생활을 각오하라고 했다.

한순간에 친했던 친구들에게 배신을 당하는 기분은 너무 비참했고 무서웠고 두려웠다. 마음이 너무 아파서 눈물이 핑 돌았다. 다음 시간을 알리는 종이 울려서 반에 올라가보니 친했던 친구들이 한 명, 두 명씩 나를 힐끔힐끔 쳐다보며 피했다. 알고 보니, 민정이와 다른 친구들이 내가 왕따를 당했으니 나처럼 왕따를 당하고 싶으면 나랑 놀라며 이미 반 친구들에게 다 으름장을 놓았다고 했다. 그날, 나는 집에 도착하자마자 다리에 힘이 풀려 집 마룻바닥에 무릎을 꿇고 엉엉 울었다.

그 이후, 내 성격은 많이 바뀌었다. 사람을 좋아하고 늘 중심 자리를 좋아하던 나는 성격도 점점 어두워졌고 눈에 별로 띄지 않는 구석진 자리를 지키는 늘 위축되어 있는 아이가 되었다.

살고 싶지 않은
암울한 나의 현실

우리를 시시각각으로 괴롭히는 수많은 크고 작은 불행은
우리를 연마해서 커다란 불행에도 견딜 수 있는 힘을 양성해주며,
행복하게 된 후에도 마음이 흔들리지 않도록 단결케 하는 사명을 가지고 있다.

– 쇼펜하우어 –

4교시 종소리가 울리고 점심시간이 되었다. 나는 엄마가 싸주신 도시락을 들고 학교 화장실로 향했다. 냄새 나는 화장실에서 변기에 걸터앉아 엄마가 싸주신 김밥을 먹었다. 내 처지가 눈물이 나고 마음이 아팠지만, 그래도 급식실에서 힐끔힐끔 쳐다보는 친구들 사이에서 혼자 밥을 먹는 것보다 화장실에서 마음 편히 먹는 것이 나았다.

학교생활이 너무 숨 막혀올 때마다 나는 화장실로 갔다. 학교에서 아무도 나를 보지 않는 그 비좁은 한 칸이 내게는 가장 마음 편한 장소였다.

'다른 아이들이 나를 무시하지 못하도록 죽도록 공부해야지.'

갑자기 모두가 나를 미워하고 싫어하게 되었지만 내가 공부를 잘하면 그 누구도 나를 무시하지 못할 거라고 생각했다. 운동장에 불려간 이후에 나는 학교에서 철저히 혼자가 되었다. 어린 유치원생들이 조금만 무리 지어 있는 것을 보기만 해도 가슴이 쿵쾅거리고 조여 오는 듯 아파서 숨을 쉬기가 힘들 정도였다. 조금이라도 나를 향한 시선이 느껴질 때면 아무도 나를 보지 않는 곳으로 숨어버리고 싶었다.

그러면 그럴수록 나는 집착적으로 공부에 매진했다. 새벽까지 공부를 했고 코피가 책 위로 뚝뚝 떨어지기도 했다. 엄마는 그런 내가 안쓰러워서 밤에 빨리 자라며 불을 꺼버리실 정도였다.

나는 한 문제라도 틀리는 것도 용납할 수 없었다. 치는 시험마다 무조건 100점을 받아서 선생님께도 칭찬을 받아야 했고 나를 따돌리고 힘들게 하던 친구들이 성적에서만큼은 절대 나를 무시하지 못하도록 해야 한다는 생각뿐이었다. 선생님이 나 혼자 100점을 받았다고 반 친구들 앞에서 대표로 칭찬을 해주실 때면 친구들이 나를 향해 수군거리고 욕하는 것을 아주 조금, 견딜 수 있는 힘이 생기는 듯했다.

따돌림 이후의 학교생활은 내게 정말, 지옥과도 같았다. 고등학교는 중학교와 같은 지역으로 절대 가고 싶지 않았다. 선생님께서는 옆에 있는 고등학교로 진학을 하라고 권유하셨지만 또 지옥 같은 학교생활이 반복될까 무서워서 중학교와는 먼 지역에 위치한 기숙형 과학 중점 고등학교로 원서를 넣기로 결정했다.

···

텅 빈 고등학교에서
시작된 나의 열일곱

명확한 목적이 있는 사람은 가장 험난한 길에서조차도 앞으로 나아가고,
아무런 목적이 없는 사람은 가장 순탄한 길에서조차도 앞으로 나아가지 못한다.

- 토머스 칼라일 -

나의 고등학교 생활은 텅 빈 고등학교에서 시작되었다. 고등학교 입학
성적 1등부터 30등까지의 SKY반 학생들이 입학도 하기 전부터 텅 빈 학
교에 나와 자습을 해야 했다. 처음 부모님과 멀리 떨어져서 기숙사 생활
을 시작했던 나는 이내 기숙사 생활도 조금씩 익숙해져갔다. 새 학기가
시작되고 텅 비었던 학교는 학생들로 북적였다. 학교에서 하루하루 수업
을 들을 때마다 들었던 생각이지만 입시를 강조하는 학교의 분위기도 그
렇고, 학생들에게 좋은 대학 진학의 중요성을 말씀하시는 선생님의 이야
기를 들어보면 고등학교는 단순히 좋은 대학에 진학하기 위한 수단 같다

는 생각을 했다. 매 학기마다 시험을 보고 나면 학교에서는 과목별로 나온 점수를 석차별로 1등부터 꼴찌까지 칠판 앞에 다 공개하며 줄 세우기를 했다. 마음이 아팠던 것은 학교를 다니고 시험을 칠수록 학교생활을 통해 친구를 경쟁의 대상으로 보게 된다는 느낌이 강해진다는 것이었다.

'그래도, 이 학교에서 다른 배울 만한 것이 있지는 않을까?' 하는 기대를 품고, 수학 선생님, 상담 교사 선생님을 찾아가 고민을 말씀드리고 조언을 구해보기로 했지만 그분들의 조언은 '나는 왜 공부해야 할까? 공부를 해야 하는 분명한 목적의식을 알고 싶다.'라는 내 마음 깊은 곳에 있는 의문에 대한 시원한 답이 되진 않았다.

늘 학교에서 선생님들과 친구들이 마르고 닳도록 말했던 대학의 네임 밸류가 가장 중요한 가치라면 학교는 어찌 보면 가장 효율성이 떨어지는 곳이었다. '쉬는 시간, 통학 시간, 자습 시간에 친구랑 떠드는 시간을 허비하지 않아도 되는 환경에서 공부에만 매진하면 되는데…' 라는 생각이 들고는 했다. 하지만 아무에게도 이 생각을 말할 수가 없었다. '그냥 공부나 열심히 하지 왜 쓸데없는 생각을 하냐'고 말할 것 같았기 때문이다. 일단 공부를 열심히 하면 해결이 되겠지 하는 마음으로 공부에 더 집중을 했다. 중간고사를 마치고, 교탁에 공개된 국어 과목 석차를 보니 전교 1등이었다. 하지만 여전히, 내 마음속에 드는 공부에 대한 회의감은 사라

지지 않았다. 학교에서 본인의 적성을 빠르게 찾은 친구도 있지만, 대부분의 학생들은 본인의 적성이 무엇인지, 그에 따라 내가 왜 대학을 진학해야 하는지에 대해 분명한 목적의식을 가지고 있지 않았다. 학창 시절, 내가 그토록 고민했던 '나는 왜 공부를 해야 하는가?'에 대한 답이 정확하게 확립되어 있지 않은 상태로 학창시절을 보내는 것이다. 공부를 해야 하는 명확한 이유와 목적이 없으니 공부가 어려운 것은 당연했다. 이런 상황 속에 무작정, 공부 못하는 친구들은 패배자로 인식되고, 잘하는 친구들은 승리자로 취급되는 것이 당시 17살이었던 나는 정말 이해되지 않았다.

하지만, 책『평균의 종말』을 읽고 나만 이러한 생각을 하는 것이 아니라 미국의 언론인, 헨리 루이스 멩켄도 공교육의 시스템에 대해 나와 같은 생각을 가지고 있다는 것을 알게 되었다.

"공교육의 목표는 계몽화(지식 수준이 낮거나 인습에 젖은 사람을 가르쳐서 깨우침)가 아니다. 현재의 공교육은 가능한 많은 개개인들을 똑같은 안전 수준으로 강등시키고 표준화된 시민을 길러내고 훈련시키면서 반대 의견과 독창성을 억누르고 있을 뿐이다."

획일화된 교육 시스템에 대해서 나 혼자만 회의감을 느끼고 있는 게 아니라는 사실이 내게 큰 용기와 힘이 되었다.

...

아빠, 나 좀 구해줘!
데리러 와줘!

모두가 세상을 변화시키려고 하지만
정작 스스로 변하겠다고 생각하는 사람은 없다.

- 톨스토이 -

기숙형 과학 중점 고등학교를 자퇴하고 한 주가 지난 뒤, 나는 용인에 위치하고 있는 기독교 대안 학교에 가기 위해서 짐을 쌌다. 가는 길만 세 시간이 걸렸는데 도착해서 보니 학교는 생각했던 것보다 훨씬 작았다. 짐을 풀고 수업을 듣기 위해서 반으로 갔더니 초등학생 6학년부터 고등학생이 함께 모여 수업을 듣고 있었다.

이 학교에서는 검정고시를 1년 동안 준비하고 나머지 시간 동안, 수능 공부를 한다고 했다. 친구들은 모여서 대화를 하고 있었다.

"나는 내가 사는 지역에 있는 국립 대학에 가고 싶어."

"오, 나는 대학을 갈 수만 있으면 좋겠다!"

"나는 인서울! 하하!"

전에 다니던 학교와 별반 다를 것이 없었다. 하지만 공부 환경만 비교해놓고 봤을 때는 일반 학교가 훨씬 더 나은 것 같았다. 영어 수업도 중점적으로 한다고 했는데 그냥 컴퓨터로 하는 프로그램이었다.

"다은아, 앞으로 학교에서는 무릎이 보이는 옷은 입으면 안 돼. 밀폐된 곳이고 지금 한창 이성에 관심이 많을 때이기 때문에 이성끼리 대화도 되도록 하면 안 된단다. 이성 간의 교제가 발각되면 곧바로 퇴학이야. 이전에 그렇게 해서 퇴학 당한 아이들이 있어."

짧은 바지도 아니고 무릎이 살짝 보이는 길이의 트레이닝 바지를 입고 있는 내게 한 선생님은 다가오셔서 말씀하셨다.

숨이 막혔다. 반나절 정도 있어 보니 이곳은 진짜 아니라는 확신이 들었다. 이곳에 다닐 바에는 원래 다니던 학교에 가는 것이 낫겠다는 생각마저 들었다. 획일화된 공교육에 늘 의문을 가지고 있던 내가 선택한 대안인 국제 학교도 별반 다를 것이 없었다.

"우리의(국제 학교 측) 방식대로 하는 것이 맞는 거야."

신앙생활마저도 틀 안에 정해져 있는 듯한 느낌이 굉장히 강했다. 온지 하루도 되지 않았는데 학비를 내기 전에 얼른 조치를 취해야겠다는 생각에 나는 얼른 선생님께 전화기를 빌려서 아빠께 전화를 드렸다.

"아빠! 여기는 진짜 아닌 것 같아. 나 좀 구해줘!! 데리러 와줘!"

아빠는 평소와 달랐던 나의 다급한 목소리와 모든 상황을 진지하게 들으시고, 잠깐 침묵하신 후에 말씀하셨다.

"알겠어. 조금만 기다려. 지금 바로 갈게."

학생이 이 시간에
학교 안 가고 뭐 하니?

불확실성을 두려움의 원천이 아닌 새로운 기회로
인식하는 심리적 전환이 중요한 것이다.

– 구본형, 『그대, 스스로를 고용하라』 –

요란한 알람 소리에 침대에서 일어나 거실에 나와 보니 새벽 6시 30분
이었다. 엄마는 생각에 잠긴 듯 식탁에 앉아 계셨다. 나를 보시더니 앞에
앉아보라고 손짓하셨다.

"다은아, 학교가 아닌 홈스쿨링을 선택하게 되면 너의 각오가 필요한
데 할 수 있겠니?"

"뭔데?"

"홈스쿨링은 쉬운 게 아니야. 아직 네가 공부에 대한 분명한 목표도 없

고 시간 관리나 절제가 스스로 하기에는 어렵기 때문에 조금만 나태해지 거나, 마음이 흔들리면 네가 더 힘들어질 수 있어. 그러니까 집과 도서관 을 학교라 생각하고, 엄마의 규칙에 따라올 수 있겠니? 그 규칙들을 네 가 많이 답답하게 느낄 수도 있어. 하지만 엄마의 규칙과 관리는 너를 힘 들게 하려는 것이 아니라 다은이를 믿고 지지하기 때문에 시간이 걸리더 라도 너만의 것을 잘 찾아서 가도록 도와주려고 하는 거란다."

다른 대안이 없는 상황이었기 때문에 나는 홈스쿨링을 해보겠다고 말 씀드렸다. 홈스쿨링은 생각해본 적도 없었기 때문에 꼭 막다른 길로 내 몰린 것 같다는 느낌이 들었다. 이제는 학교라는 울타리도 없이 세상 속 에 그냥 던져진 것 같았다. 나는 그렇게 내 인생 계획에 없었던 홈스쿨링 을 시작하게 되었다. 당시에 나는 자퇴는 문제아들만 하는 것이라고 생 각했기 때문에 내가 자퇴생이라는 사실을 받아들이는 데까지는 꽤 오랜 시간이 필요했다. 엄마는 나를 케어하기 위해 다니던 직장을 그만두고 내게 올인하셨다. 나는 매일 집, 도서관, 독서실을 반복하며 검정고시 공 부와 대학 입시 준비를 했다. 홈스쿨링을 하면서 마음이 흔들릴 수도 있 다는 이유로 핸드폰도 없었다. 엄마는 심지어 유행하는 가요도 못 듣게 하셨다. 당시에는 이해가 되지 않았지만 그 정도로 작은 것에도 흔들릴 만큼 사춘기 소녀의 마음은 갈대와 같았기 때문에 엄마께서 그러한 조치 를 취하셨구나 싶어서 지금은 이해가 된다. 남는 시간엔 핸드폰도 없고 할 게 없어서 심심했기 때문에 톨스토이의 『안나 카레리나』, 도스토예프스키의 『까라마조프 씨네 형제들』 같은 고전 문학을 읽었다. 책만이 나의 이야기를 들어주었고 내 친구가 되어주었다. 또래 친구들과 대화할 일이 없는 상황이다 보니 엄마와 자연스럽게 깊이 있는 대화를 많이 나눌 수 있었다. 지금 돌아보면 외롭고 힘들었지만 참 감사하고 귀한 시간이었다.

홈스쿨링 시기에 읽었던 고전 문학들

하지만 가끔, 평일 오전에 버스를 타야 할 때면 스스로 늘 움츠러들고는 했다. 버스에 타고 계신 아주머니와 아저씨들의 시선이 느껴지는 것 같았기 때문이다. 다들 나를 힐끔힐끔 쳐다보며 "학생인 것 같은데 왜 학교를 안 가고 이 시간에 뭐 하고 있지?" 하면서 수군대는 것 같았다. 교복을 입고 다니는 친구들을 마주하면 이상하게 마음이 싱숭생숭했다. 그들과 동떨어진 사람처럼 느껴졌다. 학교를 다닐 때는 그토록 입기 귀찮았던 교복이 막상 학교를 나오고 보니 부럽기도 했다. 아무 곳에도 소속되어 있지 않다는 것이 '나는 철저히 혼자구나.' 라고 느끼게 했다.

인생은 정말 마라톤일까?

누가 인생을 마라톤이라고 했는가?

– 출처 : 일본의 채용 전문 회사 리크루트 광고

　일본의 채용 전문 회사의 한 광고 영상을 보면 모든 사람들이 똑같은 결승점을 바라보고 한 걸음이라도 더 많이 가기 위해 옆에 있는 라이벌과 경쟁해가며 마라톤을 하는 장면이 나온다. 저 결승점 너머에는 행복한 미래가 있을 거라고 굳게 믿고, 모두가 똑같은 지점을 향해서 돌아갈 수는 없는 시간의 흐름을 달리는 와중에 한 남자는 갑자기 멈추어 서서 모두에게 질문을 던진다.

"누가 인생을 마라톤이라고 했는가?"

광고에서 던진 질문처럼 계속해서 내 머릿속에는 이 의문이 떠나지 않았다.

'정말, 인생은 모두가 동일한 결승점을 바라보고 뛰는 마라톤일까?'

MEMO

~~~~~~

~~~~~~

~~~~~~

~~~~~~

~~~~~~

내 인생의 목적은 무엇인지,

내가 해야 할 일은 무엇인지 반드시 알아내야 했다.

그저 흘러가는 시간 속에 나를 맡기며 살아가고 싶지 않았기 때문이다.

EEP IT SIMPLE

anything is possible

KEEP IT SIMPLE

PART 2

Remember who you are

세상의
기준이 아닌
나만의
기준으로
살아갈게요

···

혼자 있는 시간이
주는 힘

집에 돌아와 문을 닫고 실내가 어두워진 뒤 나는 혼자라고 절대 중얼대지 말라.
너는 혼자가 아니다. 너의 특별한 재능과 신이 네 안에 있다.
그들이 너를 알기 위해 무슨 불빛이 필요한가?

– 에픽테토스 –

매일 아침, 혼자 독서실로 걸어가며 생각했다.

"대학만 가면 혼자라 외로웠던 마음, 주변의 시선, 소속된 곳이 없어서
힘든 마음, 이 모든 것이 저절로 괜찮아질 거야."

홈스쿨링을 하던 시간은 또래 집단에서 벗어나 철저히 혼자 견뎌내야
했던 시간이었기 때문에 너무나도 외로웠지만 이 시기도 언젠가 끝이 있
을 거라는 희망을 품고 한 걸음씩 내디뎠다. 그래서인지 홈스쿨링을 시

작하고 내가 정말 좋아했던 책은 일본 메이지 대학교 교수 사이토 다카시의『혼자 있는 시간의 힘』이었다.

『혼자 있는 시간의 힘』에서 사이토 다카시는 "성장하려면 적어도 한 번은 익숙한 지점에서 빠져나와 그것들과 단절하는 시간을 가져야 한다"며 "고독을 극복하고 내면의 깊이를 더한 사람은 결코 흔들리지 않는다"고 했다. 나는 저자의 말에 깊이 공감하면서 동시에 깊은 위로를 받았다. 지금 내가 혼자 보내고 있는 시간은 헛된 시간이 아니라고 말해주는 것 같았기 때문이었다. 사이토 다카시도 대입에 실패한 열여덟 살부터 직장을 얻은 서른두 살까지 철저히 혼자였다. 친구도, 직업도 없었지만 혼자 있는 시간 동안 스스로를 냉정하게 들여다보고, 목표한 것을 현실로 이루기 위해 공부에 몰입했다.

어느 누구도 알아주지 않았지만 혼자 있는 시간 동안 묵묵히 쌓아온 내공이 지금의 사이토 다카시를 만든 것이었다. 사이토 다카시를 보며 혼자 있는 시간은 결코 헛된 시간이 아닌 묵묵히 내공을 쌓아가고 있는 시간이라는 것을 알게 되었고, 이는 내게 큰 위로가 되었다. 내 짧은 인생 속에서 홈스쿨링은 내가 처음 경험한 철저히 혼자일 수밖에 없었던 시간이었지만 뒤돌아보니 이 시간들이 나를 참 단단하게 해주었다는 것과 성숙을 위해 반드시 필요한 시간이었음을 깨달았다.

홈스쿨링을 하기 전에는 분명한 나만의 가치관과 신념도 없고 성격도 차분하지 못한 편이었다면, 홈스쿨링을 하는 과정 속에서 처음으로 타인이 아닌 오로지 나 자신에게 집중할 수 있게 되었다. 이 과정을 통해 나는 많이 단단해질 수 있었고 다른 사람과의 관계를 좀 더 멀리서 바라볼 수 있게 되었다. 그때 비로소, 관계에 대해 성찰을 해볼 수 있게 되었고 다른 사람의 마음도 깊이 이해하고 공감할 수 있게 되었다.

한번은 대학 친구가 내게 말했다.

"다은아, 너는 뭐든 혼자도 잘 해내는 것 같아. 나는 지금까지 다른 친구들과 늘 같이 해오는 것만 익숙한데 다른 사람의 말에 휘둘리지 않고 혼자 잘 해내는 네가 신기하다. 참 단단해 보여."

원래 나는 혼자 뭐든 잘하던 아이가 아니었다. 원하든 원하지 않든 혼자 있는 시간을 묵묵히 쌓아오며 내 마음의 소리에 조금 더 귀 기울이다 보니, 다른 사람의 말에 휘둘리지 않고 다른 사람에게도 크게 의존하지 않게 되었다. 내 스스로도 먼저 나의 생각을 명확히 알고, 그것을 표현해낼 수 있게 되어서 조금 더 주도적인 삶을 살아낼 수 있었다. 그리고 이미 혼자가 되는 훈련을 해왔기 때문에 또 다시 혼자가 된다고 해도 그것에 대해 큰 두려움이 없었던 것 같다. 당시, 대학에 가서 주변 친구들의 대부분은 뭘 사러 갈 때도 같이 가야 하고 택배를 가지러 갈 때도 같이 가고, 밥을 먹을 때도 꼭 같이 먹어야 한다고 하는 것을 보면서 혼자 있는 시간의 힘은 사람을 성숙하게 하고 다른 사람에게 의존하지 않게 하는구나 싶었는데, 조장원 정신건강의학과 전문의의 말씀을 듣고 내 생각에 대해 더 확신할 수 있었다.

〈정신의학신문〉에서 조장원 전문의 선생님은 "혼자 있는 시간은 타인과의 관계가 끝나버린 단절의 시간이 아니다. 오히려 타인과의 성숙한 관계를 위해 더 많은 걸 준비할 수 있는 연결의 시간이다. 타인과 함께 있을 때는 관계에 관한 고민을 하기 어렵지만, 혼자 떨어져 있을 때는 비로소 관계에 대한 성찰이 가능해진다."라고 말씀하셨다.

비록 당시에는 외롭고 고독한 시간이었지만 홈스쿨링을 하면서 가졌던 고독한 나만의 시간은 나를 단단하게 만들어주었고 더 나아가 내가 조금 더 성숙한 인간관계를 맺을 수 있도록 해주었다.

···

설렘과 불안으로
1년 일찍 시작한 대학 생활

베스트 원(Best One)이 아닌
온리 원(Only One)이 돼라

- 이어령 교수 -

외로웠던 홈스쿨링도 이제 끝이 보였다. 나는 검정고시와 대학 입시 공부를 1년 만에 마치고 또래 친구들보다 1년 일찍 19살에 대학에 입학하기로 결정했다. 학과는 간호학과로 선택을 했는데 사실 간호학과는 원서를 넣기 전까지만 해도 한 번도 고려해본 적이 없었던 학과였다. 그럼에도 내가 간호학과에 원서를 넣었던 이유는 취업이 힘든 이 시기에 현실적으로 취업이 잘되는 편이었고, "간호학과 정도면 괜찮지."라는 주변의 시선도 있었다. 나는 간호학과가 내 적성에 맞는지 아닌지 알지 못했지만 단순히 다른 사람보다 뒤처지고 싶지 않다는 생각에 잘 알아보지 않고 덥석 입학을 결정하였다.

학기가 시작되고 설렘과 불안함을 안고 첫 수업을 들으러 갔다. 과목은 간호직개론과 해부학 수업이었다. 처음엔 오리엔테이션이라 수업이 어떻게 진행되는지, 시험 일시 등을 교수님께서 설명해주셨고 이때는 수업을 듣고 있지만 내가 간호학과에 왔다는 것이 실감이 잘 나지 않았다. 시간이 지나고 전공 수업이 시작되면서 '아, 내가 간호사가 되기 위한 공부를 하고 있구나'라는 것을 실감할 수 있었다. 그리고 하루하루 지날수록 간호학과는 내 적성에 전혀 맞지 않는다는 사실을 깨닫게 되었다. 특히 간호직개론과 보건학 수업을 들을 땐 '내가 이 공부를 왜 하고 있지? 여긴 어디지? 나는 왜 여기에 있지?'라는 생각이 떠나질 않았다. 내게 맞지 않는 옷을 입고 있는 것 같다는 생각이 계속 들었다.

'평생 누군가를 간호하며 살아야 한다고?'라는 내면의 외침이 목구멍까지 차 올라왔지만, '아니야. 그래도 열심히 공부해서 졸업하면 대학 병원에 취직할 수 있으니 열심히 해보자.'라며 마음을 먹고 수업도 꼬박꼬박 잘 듣고, 맨 앞자리에서 필기도 열심히 했다. 시험 준비도 밤을 새가며 했다. 하지만 전공 수업을 들을 때면 이런 생각이 꼬리를 물고 나를 괴롭혔다.

'내가 이 공부를 하려고 이 등록금을 내고 입학한 건가? 매달 용돈과

한 학기 등록금을 합치면 적어도 700만 원은 들 텐데 4년이면 8학기고, 5,000만 원이 훌쩍 넘네. 이 공부가 내게 정말 그만한 가치가 있을까? 다른 친구들은 어떤 생각을 가지고 있을까? 나만 이렇게 별난 생각을 하는 건가?'

그래서 친구들을 찾아가서 묻기 시작했다.

"너는 왜 간호학과에 왔어?"
"그냥 그나마 나한테 맞을 것 같아서 왔어."
"취업 잘되잖아~"
"어렸을 때부터 하고 싶어서 왔어!"

답은 다양했지만 나처럼 취업이 잘된다는 이유로 간호학과에 온 친구들이 대부분이었다. 그리고 물어본 친구들 중 반 이상은 간호학과가 자신의 적성에 맞지 않는 것 같다고 했다. 친구들 이야기를 들으며 나는 마음이 더 복잡해졌다.

···

전공 살려서 취업하는 사람,
원래 없어

행동 계획에는 위험과 대가가 따른다.
하지만 이는 나태하게 아무 행동도 취하지 않는 데 따르는
장기간의 위험과 대가에 비하면 훨씬 작다.

- 존 F. 케네디 -

간호학과가 내 적성에 맞지 않는다는 생각이 들었지만 별 다른 방법이 없었다. 일단 왔으니 간호학과에 정을 붙여봐야 한다는 생각에 시신을 해부하는 카데바 실습도 신청을 했다. 카데바 실습을 하면서 해부학 시간에 교과서 그림으로만 배웠던 사람의 신체 부위와 장기들을 직접 눈으로 보고 만져볼 수 있었다. 좋은 경험이었다. 그리고 실습을 통해 나는 확신할 수 있었다.

'확실히 이 길은 내가 갈 길이 아니구나…. 나는 이 일을 하고 싶지 않아.'

간호사가 하는 일이 내 적성에 맞지 않는다는 것이 확실해졌지만 간호사가 안정적인 직업이라는 점 때문에 나는 다른 방안들을 생각해보기로 했다. '대학 병원 간호사가 하기 싫으면 간호 대학을 졸업하고 병동에서 간호사로 근무하다가 간호직 공무원을 하면 어떨까?'라는 생각도 했다. 하지만 곧 이어 '공무원을 할 거면 공무원 시험을 바로 치면 되지. 간호직 공무원을 목표로 간호 대학에서 졸업을 하고 공무원 준비를 한다?' 이건 아무리 생각해도 터무니없는 이야기였다. 갑작스럽게 드는 이러한 생각들이 나를 혼란스럽고 당황하게 만들었다. 나는 그냥 모두가 당연하게 받아들이듯 '대학 전공 살려서 취업하는 사람, 원래 잘 없어.' 하며 그냥 모두가 이렇게 그냥저냥 사는 것이 당연한 것인 줄 알았다. 주변에선 다들 이렇게 말했다.

"열심히 공부하면 좋은 대학 입학할 거고 네임 밸류 있는 대학, 취업이 잘되는 학과에 가서 좋은 직업을 가지면 성공한 인생이야."

그런데 문득, 이러한 생각을 하게 되었다.

'그러한 인생이 정말 성공한 인생일까? 나도 정말 하고 싶은 일이 있지 않을까? 이 땅에서 꼭 해야 할 일, 내 몫이 있지 않을까? 내게 맞는 일을 좀 더 찾아보자.'

내가 어릴 적에 꿨던 꿈들은 현실적으로 말이 되지 않아서, 돈이 안 돼서, 취직이 어렵기 때문이라는 이야기가 전부인 줄 알았다. 취업이 잘 된다고 해서 선택했던 간호학과였지만 입학하기 전에 '이 일이 내가 정말 나아가고 싶은 방향이 맞을까?' 고민해보고 인생을 장기적으로 바라보며 지금 눈앞에 놓여 있는 선택을 해야 한다는 생각을 미처 하지 못했다. 근데 안타까운 사실은, 일찍이 자신의 적성을 찾아가는 정말 축복 받은 소수의 학생들을 제외하고는 대다수의 학생들이 나와 비슷한 상황에 처해 있다는 것이다. 대2 병이라는 말이 있다. 대부분의 학생들이 대학교 2학년이 되어서 전공 공부를 시작하면서 '아… 학과가 적성에 안 맞아. 전과하고 싶다.'라는 생각을 하게 된다고 해서 만들어진 신조어이다. 그만큼 우리에게는 자신의 적성을 깊이 있게 들여다보며 자아를 탐색할 수 있는 시간과 기회가 절대적으로 부족하다.

나는 '휴학을 하고 1년간 내가 하고 싶은 일을 찾아볼까?' 하는 생각을 했지만 괜히 걱정도 됐다. '뒤처지면 어떡하지?' 하는 생각도 들었기 때문이다. 그래도 평생의 관점에서 보면 1년이라는 시간을 투자하는 것은 나쁘지 않은 선택이라는 생각을 했고, 주말에 집에 내려간 김에 부모님께 1년간 휴학을 하겠다고 말씀 드렸다. 부모님께서는 "간호학과를 계속 다니면 용돈과 학비를 지원해줄 수 있어. 하지만 휴학을 선택한다면 용돈과 생활비를 지원하지 않을 거야. 네가 그 정도의 각오가 있다면 한번

해보고, 아니면 대학 계속 다녀."라고 말씀하셨다.

　이제와 돌이켜보니 휴학이 사람을 나태하게 만들 수 있고 웬만한 각오가 아니면 시간을 낭비하게 될 수도 있다는 생각에 그런 말씀을 하셨던 것 같다. 그래서 나는 주거와 식사는 집에서 해결하고 생활비는 아르바이트로 벌면서 1년간 내가 진정으로 하고 싶은 일이 무엇인지 탐구해보기로 마음을 먹었다.

...

만두집, 고깃집, 휴게소까지
알바의 눈물

세상의 중요한 업적 중 대부분은,
희망이 보이지 않는 상황에서도 끊임없이 도전한 사람들이 이룬 것이다.

- 데일 카네기 -

"저기요, 주문할게요!"

"포장 주문 전화 들어왔어!"

"저기요, 여기 테이블 좀 치워주세요."

"언제까지 기다려야 해요?"

"튀김 만두 하나랑 해물 라면 하나 주세요."

나는 지금도 만두를 입에 잘 대지 않는다. 새롭게 시작한 아르바이트
는 대구에서 유명한 만두 맛집 '태산 만두'였다. 사람들이 줄을 서서 먹을

정도로 사람이 많았는데 테이블을 치우다가 눈을 들어 밖에 서 있는 줄을 보면 앞으로 서빙해야 할 만두 접시와 정리할 테이블만 몇 개인지 까마득하고 아찔했다. 정말 발바닥에 땀이 나도록 뛰어다니며 일을 했다. 사람이 너무 많아서 점심시간에는 알바생이 한 명씩 돌아가며 식사를 해야 할 정도로 일이 많았다. 일이 끝나고 집에 돌아오면 너무 많이 뛰어다니느라 다리가 퉁퉁 부어 너무 아프고 피곤해서 완전히 녹초가 되어 쓰러졌다.

아르바이트를 하며 '내가 집에서만 귀한 막내딸이었지 밖에선 말단 아르바이트생이구나.' 싶어서 마음이 씁쓸하기도 했다. 내가 할 수 있는 아르바이트는 다 지원을 했다. 부모님의 지원을 받지 않고 경제적으로 독립한다는 것이 말은 쉬웠지만 19살의 내가 감당하기에는 쉬운 일이 아니었다.

고깃집 아르바이트부터 휴게소 설거지 단기 아르바이트, 키즈 카페, 개인 카페 아르바이트 등 할 수 있는 아르바이트는 다 하며 돈을 모았다. 마음이 고되고 힘들었지만 일찍 사회에 나가 다양한 아르바이트를 하면서 손님을 응대하는 방법과 빠릿빠릿한 일머리를 배울 수 있었다.

또 전공을 살려 오전 8시부터 오후 5시까지 대학 병원 근로학생으로 일할 수 있게 되었다. 그때 나는 20살이었는데, 하는 일은 간호사 선생님들을 보조하여 환자 접수, 응대, 사무 보조를 하는 것이었다. 감사하게도 복학 전에 이 일을 통해서 간호사가 나에게 맞는 일인지 미리 경험해볼 수 있었다. 여러 가지 아르바이트를 하며 배웠던 일머리를 십분 발휘해 아침마다 각 부서의 병동을 돌며, 선생님들이 시키지 않아도 싹싹하게 미리미리 해야 할 일을 해두었다. 그래서 그런지 다른 병동 선생님들이 나를 정말 예뻐해주셨다.

하지만 환자들을 응대하며 받는 스트레스와 병동 선생님의 텃새 그리고 '내가 뭐하고 있나.' 싶어서 서러운 마음에 퇴근 길 버스 안에서 가끔 눈물을 흘리기도 했다.

...

내 인생,
진짜 망해가고 있는 걸까

가장 큰 위험은
위험 없는 삶이다.

- 스티븐 코비 -

약속했던 휴학 기간 1년은 끝나가고 점점 복학을 해야 하는 시기는 다가왔다. 하지만 현실적으로 간호사 말고 다른 대안이 떠오르지 않았다. 간호학과로 다시 돌아가지 않기 위해서는 확실한 대안을 찾아야만 했다. 내가 하고 싶은 일이 무엇인지 알기 위해서 시작한 휴학 기간에 나는 만두집부터 시작해, 대학 병원까지 온갖 고생은 다하며 아르바이트만 하고 있다는 생각에 마음이 어려웠다. 대책 없이 아르바이트만 하고 있는 내 모습을 보니 학생 부장 선생님이 내게 말씀하셨던 것처럼 '내 인생, 진짜 망해가고 있는 건가?' 싶어서 너무 불안하고 무서웠다. 다른 학교, 다른 학과로 편입을 해볼까 생각도 했지만 심리학과든 경영학과든 간호학과가 그랬던 것처럼 또 막상 가보면 내 적성에 맞을지 맞지 않을지 알 수 없었기 때문에 무작정 편입을 준비하는 것도 현명한 방법이 아니라는 생각이 들었다. 그리고 나는 여전히 하고 싶은 일을 찾는 것이 아니라 가야 할 학과를 찾고 있었다. 어딘가 순서가 잘못된 것 같았다. 내 마음이 원하는 일을 찾기 위해서는 내가 뭘 어떻게 더 하면 될지 알고 싶었다. 하지만 그 의문은 풀리지 않았다. 하루는 오랜만에 만난 친구와 대화 중에 내 답답한 마음을 털어놓았다.

"다른 길을 찾아보려고 지금 휴학 중이지만 대안도 없고 그래서 이번에 그냥 복학을 할지 말지 너무 고민이 돼. 근데 지금은 거의 복학하기로 마음먹은 상태야…."
"그렇구나, 그럼 네가 진짜 좋아하고 잘하는 건 뭐야? 나는 종이에 한 번 다 적어보니까 도움이 됐었는데, 너도 한번 종이에 좋아하고 잘하는 것, 네가 하고 싶은 것을 쭉 적어봐~"

친구를 만나고 집에 돌아와 종이에 내가 좋아하는 것, 잘하는 것을 하나씩 써 내려갔다. 적어보며 나는 내가 좋아하고 잘하는 것조차 잘 알지 못한다는 사실을 알게 되었다. 아무리 여러 개를 써 보려고 해도 '노래 듣는 것, 맛있는 거 먹으러 가는 것' 정도였다.

이제껏 '나에 대해서는 내가 누구보다도 잘 알지~'라고 생각해왔는데 정작 적어보려니까 나에 대해서 알고 있는 게 없다는 사실에 적잖이 놀랐다. 그런데 당시에 부모님께서 늘 내게 해주시던 말씀이 있었다.

"책을 많이 읽으면 네가 원하는 것과 나아갈 방향을 찾을 수 있어."

부모님이 해주시는 말씀이 막연하게 느껴졌지만 하고 싶은 일을 찾고 싶은 마음에 병원에 출근을 해서 쉬는 시간에 조금씩 독서를 했다. 하지만 이 정도의 독서량으로는 어림도 없었다. 너무나도 답답했다.

···

'보여지는 나' 때문에
잃어버리는 것들

그 사람의 기대를
만족시키기 위해 살지 말라.

- 기시미 이치로, 고가 후미타케, 『미움받을 용기』 -

휴학을 해야 할지, 말아야 할지 고민하던 중에 간호학과 담당 교수님
께 휴학을 진지하게 고민하고 있다고 말씀드리니 담당 교수님은 내게 말
씀하셨다.

"고등학교도 그렇고, 네가 뭐든지 잘 그만두는 것 아니니?"

내가 왜 그럴 수밖에 없었는지 나의 상황과 마음을 잘 알지 못하고 말
씀하시는 교수님의 말씀이 많이 아프고 속상했다. 아직은 나도 내게 확

신이 없었던 터라 '진짜 내가 잘 그만둬서, 내가 별난 사람이라서 휴학을 생각하고 있는 건가?' 하는 생각이 나를 계속 괴롭혔다. 이 생각은 내가 나 자신을 계속 의심하고 끊임없이 나 자신을 자책하게 만들었다. 고등학교를 자퇴하고 대학까지 휴학 중이라는 것이, 앞에 보이는 것은 아무것도 없다는 사실이 정말 내가 뭐든지 잘 그만두는 사회 부적응자여서 그런 건가 싶어서 외로웠고 비참했다.

그래서 뭔가를 더 해야만 한다는 불안한 마음 때문에 잠도 자지 못하고 1시간, 3시간 후에 깼다 잠들었다가를 계속 반복했다. '네가 지금 잠잘 시간이 어디 있니?' 하는 생각들이 나를 괴롭혔다. 이런 생각이 나를 옭아매면 옭아맬수록 내 마음은 더욱 조급해졌다. 그래서 그 생각들이 내 마음을 가득하게 채울수록 '온전한 나'가 되기보다는 '보여지는 나'에 더 시선을 두게 되었다. '온전한 나'가 되기 위해서 어렵게 결정한 휴학이었지만 여전히 나에 대한 주변의 평가에 마음이 흔들릴 수밖에 없었고 이를 다른 이들에게 증명해 보여야 한다는 쇠사슬에 스스로 꽁꽁 묶여 있었다.

『딸에게 보내는 심리학 편지』에서 정신분석가이자 소아정신과 의사인 한성희 선생님은 타인의 인정과 칭찬에 목숨 거느라 일어나는 문제점에 대해서 이렇게 말씀하셨다.

"문제는 내가 정말 무엇을 좋아하고 잘하는 사람인지 살펴볼 기회를 갖지 못한 채 부모와 사회가 원하는 모양대로, 보내 주는 찬사에 맞추어 '내'가 만들어져왔을 경우다. 자신의 참모습은 탐구해보지 못한 채 말이다."

자신의 온전한 모습이 아닌 '보여지는 나'에 집중하면 할수록 나의 참모습과의 거리는 더 멀어지고 다른 사람의 인정과 칭찬에 내가 아닌 보여지는 내 모습을 맞춰가기 시작했다. 그건 너무 괴로운 일이었다. 나에게도 굳은 결단이 필요했다. '주변의 시선'과 '보여지는 나'에 집중하는 것이 아닌 '나의 내면'에 더욱 귀 기울이겠다는 결심 말이다.

세상의 기준이 아닌
나만의 기준으로 산다는 것

실현되기 원하는 변화가 있다면,
당신이 먼저 그렇게 변화되어야 한다.

- 간디 -

나는 '주변의 시선'과 '보여지는 나'에 집중하는 것이 아닌 '나의 내면'에
더 집중해보기로 결심했다. 그리고 팀 페리스의 『타이탄의 도구들』을 읽
으며 그 결심에 더욱 확신을 가질 수 있었다. 옥스퍼드 대학교 링컨 칼리
지 교수인 윌 맥어스킬은 이제 막 스무 살이 된 젊은이들을 위해 이렇게
조언했다. "우리가 평생 일하는 시간이 얼마인지 아는가? 8만 시간쯤 된
다. 그 시간을 최대한 잘 사용하는 것이 중요하다"고 말한다.

"우리가 저녁을 먹으러 나가면 통상 두어 시간이 걸린다. 그중 어느 식

당을 갈지 결정하는 데 5분쯤 걸린다. 어떤가? 나머지 95%의 시간을 어떻게 쓸지 생각하는 데 5%의 시간을 할애하는 것은 합리적으로 보이지 않는가? 이를 평생 일하는 8만 시간에 적용해본다면 어떨까? 내가 앞으로 어떤 일을 할지, 내 삶의 목적은 무엇인지를 생각하는 데 4,000시간 정도 쓰는 건 충분히 타당하다. 이는 일하는 시간으로 따질 때 2년에 해당한다. 4,000시간 또는 2년의 시간을 앞으로 어떻게 살아갈지 생각하는 데 쓰는 사람은 분명 뭔가 의미 있는 삶을 만들어낼 것이다."

교수님의 이러한 조언은 휴학을 1년 더 연장할지 말지 고민하고 있는 내게 직접적으로 해주시는 말씀처럼 느껴졌다. 휴학을 하고 앞으로 어떤 일을 할지, 내 삶의 목적은 무엇인지 고민하고 있는 내게 잘 선택했다고, 그 선택이 분명 뭔가 의미 있는 삶을 만들어낼 거라고 응원해주시는 것 같이 느껴졌기 때문이다. 아무 것도 정해진 것이 없는 이 불확실함이 막막하고 두려웠지만 나는 나의 내면의 소리에 조금 더 귀를 기울여 보기로 했다. 그래서, 옥스퍼드 대학교의 맥어스킬 교수님의 조언처럼 앞으로 어떤 일을 할지, 내 삶의 목적은 무엇인지 휴학을 1년 더 연장하고 찾아보기로 결심했다. 하지만, 만약 실패한다면 간호학과 동기들보다 2년이나 뒤처지는 것이었다. 세상의 기준으로 보면 나의 선택은 어리석은 것이었다. 하지만 나의 기준에서 인생은 한 결승점, 한 목표만 바라보고 가는 마라톤이 아니었다.

18세기 미국의 서부 탐험가, 윌리엄 클라크(William Clark)는 "자신만의 길을 찾는 유일한 방법, 그것은 그 길에 직접 들어서는 것이다."라고 말했다.

윌리엄 클라크의 말처럼 나는 나만의 길에 들어서서 나의 길을 한번 찾아보기로 결정했다. 앞으로 내게 어떤 일들이 펼쳐질지 전혀 알 수는 없었지만 나만의 길을 찾는 유일한 방법은 용기를 내어서 그 길에 직접 들어서는 것뿐이었기 때문이다. 분명 쉬운 여정은 아닐 것이라고 확실하게 느낄 수 있었다. 하지만 내 인생의 목적은 무엇인지, 내가 해야 할 일은 무엇인지 반드시 알아내야 했다. 그저 흘러가는 시간 속에 나를 맡기며 살아가고 싶지 않았기 때문이다.

···

반갑지 않은 손님,
공황장애

당신은 다만 당신이란 이유만으로도
사랑과 존중을 받을 자격이 있다.

- 앤드류 매튜스 -

휴학을 1년 더 연장한 상황 속에서 간호학과 동기들이 학교에서 전공 공부를 하는 것보다 훨씬 더 열심히 살아야 했고, 매일 더 치열하게 살아야 한다는 생각 때문에 나는 매일 아침부터 도서관에 가서 밤늦게까지 책을 읽거나, 바람을 쐬고 싶을 땐 버스를 타고 서점에 가서 책을 읽었다. 하지만 '책을 읽으면 읽을수록 지금 읽고 있는 책들이 쌓여가고 있는 건가? 시간 낭비만 하는 거면 어떡하지? 지금 이렇게 책만 읽고 있는 게 과연 맞는 걸까?' 하는 생각도 들었다. 눈앞에 보이는 것이 아무 것도 없었기 때문에 막막하고 불안했다. 그래서 그랬는지 갑자기 말할 수 없는 공포감과 두려움이 몰려와서 숨을 쉬지 못할 만큼 가슴이 답답해졌고 식은땀이 나고 호흡하기가 힘든 증상이 주기적으로 나를 찾아왔다. 나중에 지나고 나서 알고 보니, 이 증상은 공황장애 증상이라고 했다.

내가 내 동기들과 계속 비교하며 나를 채찍질했던 것처럼 우리는 앞서가는 이들을 보며 자신과 자주 비교를 하는 것 같다. 우리가 흔히 들을 수 있는 이야기이지만, SNS에 올라오는 사진과 자신을 비교하고 '내 인생은 왜 이럴까?' 하며 낮은 자존감으로 힘들어하고는 한다. 나도 도서관 가는 길에 대학생을 보거나, 카페에 가서 책을 읽고 있는데 옆 자리에 대학생이 있으면 괜히 '나는 뭐 하고 있지? 이러고 있는 게 맞는 건가?', '학교를 계속 다니고 있는 동기들은 내가 쉬는 동안에도 공부를 하겠지?' 하는 생각 때문에 한 번을 제대로 쉬지 못했다. '나는 학교도 안 다니는데 이 정도는 당연히 해야 되는 거야?' 하면서 스스로 더욱 채찍질했고 나는 힘들어할 자격도 없다고 생각했다. 내가 하는 것에 있어 어느 정도 성과가 생겼을 때 비로소 힘들어할 자격이 생긴다고 생각했다.

왜 이렇게 나 자신을 가혹하게 대했는지 지금 되돌아보면 '대학을 졸업하면 학위라도 얻지만, 오랜 휴학 기간을 헛되이 보낸다면 학위는 커녕 인생이 꼬이게 될 것이다' 라는 불안한 마음 때문이었던 것 같다. 그래서 밤잠을 설치며 더 악착같이 공부하고 책을 읽을 수밖에 없었다. 지금 이 글을 적으며 그 때의 상황을 돌아보니 문득 드는 생각이 있다.

'내가 참, 나의 존재를 증명하기 위해 애써왔구나.'

나는 무시당할 만한 사람이 아니라는 것을, 나는 결코 망하지 않을 거라는 것을, 휴학을 잘 선택했다는 것을, 내가 개척해가는 이 길을 잘 가고 있다는 것을 증명하기 위해 참 애써왔다. 내가 좀 더 나은 사람이라는 것을 증명하고자 하는 마음이 공황장애라는 불편한 손님이 되어 나를 찾아왔고, 내가 해야 하는 일을 빨리 찾아야 한다는 압박감이 조급함이 되어서 나를 괴롭혔다. 그 당시 나는 내 존재를 내가 증명해야지만 내 가치를 인정받을 수 있다고 생각했다.

그런데 어느 순간, 그것은 사실이 아니라는 것을 깨달았다. 내가 스스로 나의 존재를 증명하지 않아도 나는 가치 있는 존재라는 것을 알게 된 것이다. 나의 존재를 증명하기 위해 애썼던 시간들이 나를 많이 힘들게 했었기 때문에 조금 더 일찍 이 사실을 깨달았더라면 그 시간이 조금은 덜 힘들었겠구나 하는 생각이 든다.

그래서 혹 이 글을 읽고 있는 분 중에 자신의 존재를 스스로 증명해야 한다는 마음에 힘들어하고 계시는 분이 있다면 이 글을 통해 드리고 싶은 말이 있다. 당신은 존재 자체로 귀한 사람이다. 당신의 존재를 세상에 증명해 보이려고 애쓰지 않아도 당신은 존재 자체로 너무나도 귀하다. 당신의 부모님께서 당신을 낳았을 때 이 세상 그 누구보다 당신 존재 자체를 기뻐했고, 이 세상 그 누구보다 신께 감사했을 것이다. 그토록 당신은 귀하고 귀한 사람이다.

나만의 정답, 나만의 선택

차은재(이성경) : 그냥 계속 틀린 답만 찾는 것 같아요. 열심히만 하면 잘하는 건 줄 알았는데 그것도 아닌 것 같고, 남한테 폐를 끼치지 않는 게 잘하는 건 줄 알았는데 그것도 자꾸 '삑사리'가 나요. 나는 최선을 다한다고 했는데 그게 다른 사람한테도 최선인 건진 잘 모르겠어요.

오명심(진경) : 자꾸 남의 정답만 맞추려고 해서 그런 거 아닐까요? 다른 사람이 원하는 정답 말고 차쌤이 원하는 정답이 뭔데요? 물론 인생은 '노답'일 때가 더 많지만, 그래도 내가 원하는 정답을 알면 사는 게 한결 쉬워지기는 하죠.

– 드라마 〈낭만닥터 김사부 2〉 8화 중에서

남의 정답으로 사는 인생이 아닌, 나만의 정답으로 사는 삶은 어떤 삶일까? 나만의 정답으로 사는 삶 속에서는 어떤 선택을 쌓아갈지 생각해 보자.

Remember who you are

늘 큰 변화는 아주 사소한 것부터 시작된다.

천 리 길도 한 걸음부터인 것처럼,

티끌 모아 태산이 되는 것도 마찬가지인 것처럼 말이다.

PART 3

Remember who you are

시작하기에
충분할 만큼
완벽한 때는
없어요!

···

살기 위해
매일 도서관에 가다

뜻을 세웠으면 합니다. 나 자신이 아닌, 다른 사람의 행복을 위한 큰 뜻을요.
그 꿈에 투자할 때 놀라운 성취를 이룰 수 있을 겁니다.

– 손정의, 『나는 거대한 꿈을 꿨다』 –

1년 더 휴학을 연장하기로 마음먹고 제대로 한번 집중해보자는 마음으로 하고 있던 아르바이트도 모두 그만뒀다. 그만두고 나서, 책에 길이 있다는 말을 붙잡고 매일 아침 도시락을 싸 들고 집 근처 도서관에 가기 시작했다. 너무나도 간절한 마음으로 아침부터 밤까지 책을 읽었다. 막연하기는 했지만 다른 방법이 없었다. 처음에는 어떤 책부터 읽어야 할지 잘 몰라서 베스트셀러 위주로 독서를 했다. 또, 책 한 권을 읽으면 그 책의 저자가 추천하는 책을 모두 다 읽는 식으로 연결 독서를 했다. 책을 읽다가 기억하고 싶은 구절은 노트에 필사를 했다. 이 과정에서 나는 책을 통해 세상에는 내가 알고 있는 것보다 더 많은 길과 방법이 있다는 것을 알게 되었다.

『멈추지 마, 다시 꿈부터 써봐』를 쓰신 김수영 작가님이 YTN 뉴스에서 하신 인터뷰를 인상 깊게 본 기억이 있다. "요즘 청년들이 내가 몇 살이 되면 뭘 해야 되고, 학교는 어디를 가야 되고 회사는 어디를 가야 되고. 딱 어떤 계획이 공식화되어 있는 것 같다… 만약에 내가 하나라도 궤도를 이탈하면 마치 내 인생이 끝날 것 같은 두려움이 있고, 그 생각들이 어떻게 보면 부모님이나 주변 사람들, 어떤 친구들로부터 오는 것 같다." 하시며 정해진 궤도를 이탈하는 것을 두려워하지 말라고 하셨다.

"저는 이렇게 표현을 하는데, 이 세상이 꿈의 뷔페인데 우리가 뷔페에 와서 라면만 먹고 있는 거예요. 근데 그 라면을 제때 못 먹었다고 걱정하는. 또는 라면이 지겹다고 하는 게 너무 안타까운 거예요. 사실 그 친구들이 그렇게 목매달고 막 전전긍긍하는 그 꿈들이, 사실은 진짜 내 꿈이 아닐 수도 있고 누군가가 부여한 그런 꿈일 수도 있는데 말이죠."

나는 김수영 작가님의 말씀을 들으며 정해져 있는 궤도를 벗어나는 것을 두려워하지 말아야겠다는 다짐을 했다. 또 독서를 통해 다양한 직업을 가진 사람들과 한 분야의 정상급에 있는 사람들을 만나며 '아~ 이러한 삶을 사는 사람도 있구나.' 하며 생각의 지경을 넓혀갈 수 있었다.

내가 어떤 사람인지 나에 대해서 전혀 알지도 못하고 꿈도 없던 내가, 열정을 되찾아 꿈을 가지게 되고 성장을 위한 발버둥을 치기까지 내게 가장 큰 영향을 준 것은 신앙이고, 두 번째 많은 영향을 준 것은 독서다. 내 인생은 독서를 하기 전과 독서를 한 후 나뉜다고 말할 수 있을 정도다. 독서는 내게 생각하는 법을 가르쳐주었고 나아가 더 넓은 세상을 볼 수 있도록 해주었다. 가끔 주변에서 나에게 독서에 대해 장점을 묻고는 하는데 그때 나는 책을 읽기 전과는 뇌가 완전히 바뀌었다고 말하고는 한다. 본격적으로 독서를 시작하기 전의 나는 눈앞에 일어난 1차원적인 현상에만 집중했다면 읽은 책의 숫자가 늘어나면서 현상 너머의 깊은 세상도 볼 수 있게 되었기 때문이다. 작가의 평생의 걸친 삶과 노하우를 책 한 권으로 배울 수 있다는 것이 독서의 엄청난 장점이라고 생각한다. 연세대학교 명예 교수이신 김형석 교수님께서도 독서의 중요성을 자주 강조하시고는 하는데, 『백년의 독서』에서 "신문과 텔레비전은 살아가는 데 상식을 제공할 수는 있으나 내 영혼을 살찌게 하고 삶의 내용을 풍부하게 해주지는 못한다. 역시 독서는 인간적 삶을 풍요롭게 해주는 가장 중요한 방법임을 의심할 수 없다"고 하셨다. 클릭 한 번만으로도 모든 것이 가능한 시대이지만 그마저도 독서는 대체할 수는 없다는 것이다.

하지만 책을 열댓 권 읽는다고 내가 원하는 일, 해야 하는 일을 알게 되는 것을 기대하는 건 요행을 바라는 것이었다. '세상에 어떤 가능성이 있는지'와 '내가 무엇을 원하는지' 사이의 어떤 교집합을 찾아내야 했다. 주변에선 내게 '다 안 될 거야.'라고 이야기했지만 책만은 나에게 '된다!'며 용기를 더 해주었다.

이렇게 계속해서 치열하게 독서하다 보면 언젠가 어렴풋하게라도 내가 원하는 일을 찾게 되지 않을까 하는 믿음을 가지고 매일 아침 도서관으로 향했다. 저녁까지 책을 계속 읽다가 밤에 아빠가 태우러 오시거나, 아빠께서 일이 있으실 때는 집까지 걸어가는 것을 반복했다.

400권의 흔적, 쌓인 독서 노트

　그래서, 나는 내가 되기로 했다

···

벼랑 끝에서 만난
실천 독서

직접 해보기 전에는 아무도 자기 안에
어떤 능력이 도사리고 있는지 미리 알 수가 없습니다.

– 어니스트 헤밍웨이 –

열심히 독서는 했지만 읽은 책들이 쌓이지 않고 흩어진다는 느낌이 들었다. 여기서 더 성장하고 발전하려면 어떻게 해야 하는지 고민이 되었다. 이 막막한 상황 속에서 내가 목표를 향해 잘 가고 있는지 피드백을 받고 더 성장할 수 있는 시스템이 절실히 필요했다. 그때 마침, 한 작가님이 하시는 독서 코칭을 알게 되었다. 독서 코칭은 8주 과정씩 5단계로 구성되어 있었다. 1단계 성공자 마인드, 2단계 죽음과 삶, 3단계 시간 관리, 4단계 부자, 5단계 마케팅을 주제로 구성되어 있었다. 1단계부터 5단계까지 독서 코칭을 하면서 100여권의 책을 읽을 수 있었다. 2달 동안 20

권을 읽고 작가님이 각 주차마다 주시는 미션을 수행한 후, 코칭 및 피드백을 받는 식이었다. 나는 각 분야에서 읽어야 할 책을 리스트화해서 구매한 뒤, 주 3권씩 책을 읽으며 미션을 완수했다. 한 권씩 읽을 때마다 새로운 지식이 내게 들어온다는 것이 신기하고 너무 즐거웠다.

책에서 '롤 모델을 만나서 배워라'고 하면 실제로 롤 모델에게 연락을 했고, '수영을 하면서 수영하는 법을 배우고 용기를 내면서 용기 내는 법을 배우라'고 하면 이전에 용기가 나지 않아서 시도하지 못했던 것들을 시도해보며 용기를 냈다. 또 책에 '시간 관리를 하려면 삶의 우선순위를 정하라'는 내용이 있으면 내 삶의 우선순위가 무엇인지 기록해보고 그 우선순위대로 살아내려 애썼다. 이렇게 삶 속에서 직접 적용해보는 실천 독서는 내 삶에 실질적인 변화를 이끌어낼 수 있도록 도와주었다.

그렇다면 쌓이지 않고 흩어지는 것 같다고 느꼈던 독서와, 삶에 실질적인 변화를 이끌어낼 수 있었던 독서의 차이점은 무엇이었을까? 그것은 바로 '실천의 유무'였다. 물론 책은 '읽기'만 해도 도움은 되었지만 '읽기'만 한다고 해서 삶이 완전히 변하지는 않았다. 책의 감명 깊은 구절에 줄만 긋고 끝내는 것이 아니라 그 문장 그대로를 내 삶 속에서 적용시켜보고, 한번 실행해보는 것이 핵심 포인트였다. 예를 들어 김수영 작가님의 『드림레시피』에서 "부자가 되고 싶으면 부자를 만나고 CEO가 되고 싶으면 CEO를 만나봐라."라고 하는 문장이 인상 깊었다면 '오 대박! 그렇구나! 신기하다.' 하는 깨달음과 생각에서만 그치지 않고, 삶 속에 적용해서 실제로 내가 만나고 싶은 롤 모델에게 이메일을 드려보거나 그분들이 하는 강연에 참여해서 평소 궁금했던 질문을 드려본다든가 하는 실질적인 행동을 취해보는 것이었다. 아래는 내가 실제로 적용했던 문장이다.

인상 깊었던 문장 : "부자가 되고 싶으면 부자를 만나고 CEO가 되고 싶으면 CEO를 만나봐라."

삶 속에서 내가 실제로 한 행동 : 만나 뵙고 싶었던 ○○○ 사업가분께 연락을 드렸고 오늘 미팅을 했다.

실제로 일어난 결과 : 고민을 하고 있던 부분이 해결이 되었고 앞으로도 사업을 할 때 고민되는 부분이 있으면 연락하라고 말씀해주셨다.

이렇게 한 문장을 가지고 실제 삶 속에서 실천할 때에 실질적으로도 내 삶에 변화가 일어나게 된다. 책 한 권 속에서 너무 많은 것들을 실천해야 한다고 생각하면 부담이 될 수 있기 때문에 책 한 권당 문장 최대 3개 정도를 실천해보기를 추천한다.

박상배 작가님의 『인생의 차이를 만드는 독서법 본깨적』에서는 "One Book, One Message, One Action"을 말한다. 책 한 권에 행동을 하나만 해보라는 것인데 3가지까지 실천하는 것이 어렵다면 한 권의 책을 읽고 한 가지만 실천해보는 것을 목표로 삼아보자. 분명 그냥 읽는 것에서 그치는 독서와는 다른 실질적인 변화들을 이끌어낼 수 있을 것이다.

···

회장님 덕분에
참된 꿈이 생기다

네 이웃을
네 자신같이 사랑하라.

- 마태복음 22:39 -

독서를 하면서 멋있는 분들, 닮고 싶은 분들이 점점 보이기 시작했다. 많은 자기계발서에서 자신의 롤 모델을 정하고 그들을 만나서 조언을 구하고 그들의 행동을 유심히 관찰한 뒤 따라 하라고 조언했다. 그 이야기를 자주 접하면 접할수록 내가 되고 싶은 모습으로 이미 살고 계신 분들께 나의 상황을 말씀드리고 조언을 들을 수 있다면 참 좋겠다는 마음이 들었다. 그래서 만나고 싶은 분들의 성함을 노트에 적었다. 그리고 꼭 만나 뵙고 싶은 분들께 이메일이나 메신저로 인터뷰 요청 메시지를 드리기 시작했다.

내게 좋은 영향을 많이 주신 한 멘토님도 이렇게 인연이 닿았다. 그 멘토 님은 『실컷 울고 나니 배고파졌어요』, 『내가 얼마나 만만해 보였으면』, 『너라는 선물』을 쓰신 전대진 작가님이다. 전대진 작가님께서는 많은 이들에게 아낌 없이 나누며 선한 영향을 주고 계시는, 사람을 살리는 메신 저이시다. 작가님은 내게 정말 아낌없이 나누어주셨고 그런 작가님을 보며 나도 더 성장해서 작가님처럼 다른 이들에게 아낌없이 나누어주는 사람이 되고 싶다는 마음을 품게 되었다. 책을 읽고 다양한 롤 모델분들과 직접 만나 뵙고, 배우면서 느낀 것이 있다. 그분들께는 하나 같은 공통점이 있었다. 바로 '하면 된다, 할 수 있다.'라고 말씀하신다는 것이었다. 어렴풋한 꿈이라도 말씀드리면 내게 반드시 될 거라고 응원해주시며 그에 딱 맞는 조언을 해주셨다. 배움을 요청 드린 분들의 직업은 사업가부터 작가, 강연가와 같은 메신저까지 다양했다. 조금이라도 배울 점이 있어 보이는 분들께는 연락을 드리고 인터뷰 요청을 했다. 그중에는 나보다 4살 많은 언니도 있었다. 그 언니는 하버드 대학원에 합격했지만 자신이 진정으로 바라는 꿈을 위해서 대학원에 가지 않고 열심히 독서하며 치열하게 살아가고 있는 언니였다.

내가 뵈었던 분들 중 가장 기억에 남는 만남은 팀하스 기업의 하형록 회장님과의 만남이다. 회장님은 『페이버』, 『W31』, 『P31』, 『메이크 뮤직』의 저자이기도 하시다. '내가 잘하고 있는 건가?' 하며 불확실한 미래로 마음이 불안하고 가장 힘들 때 회장님의 책 『W31』은 내게 정말 큰 힘과 위로가 되었다. 그래서 회장님께 꼭 감사 인사를 전하고 싶은 마음에 나의 상황을 말씀 드리고 회장님의 책이 불확실하고 막막한 내 현실 속에 큰 위로가 되었고 꿈을 향해 나아갈 힘이 되었다고 감사 이메일을 드렸다. 나는 읽어만 주셔도 참 감사하겠다고 생각했다.

그런데 며칠 뒤, 수신함에 하나의 이메일이 도착했다. 놀랍게도 회장님의 답신이었다. 회장님께서는 클라이언트가 의뢰한 건물의 준공식이 있어서 잠깐 한국에 오시는데 하루 전날, 나를 그 건물로 초대한다는 내용이었다. 회장님께 답신이 왔다는 사실이 너무 놀라웠다. 약속한 장소로 가니 그곳에는 사업을 하고 계시는 사업가분들도 함께 계셨다. 그분들은 회장님께 사업에 관련된 조언을 들으러 오신 분들이었다. 회장님께서는 스무 살 어린 학생이었던 내가 소외감을 느끼지 않도록 나를 그분들께 소개시켜주시고 회장님 곁으로 오라고 손짓하셨다. 다 같이 이야기를 나눌 때에도 옆에 앉으라고 하시며 계속 나를 신경 써주고 계시는 것이 느껴졌다. 그리고 내 이야기 한마디, 한마디에 집중해주셨다. 그리고 내가 준비해간 질문에도 성심성의껏 아주 길게 답해주셨다. 나는 궁금했다.

'이렇게 바쁘고 훌륭하신 분이 아무 도움도 드릴 것이 없는 어린 내게

왜 이렇게 잘 해주시는 걸까?'

회장님은 내가 이제껏 만났던 사람들과는 달랐다. 나의 시선과는 다른 시선을 가지고 계신 분 같았다. 내가 어린 학생이라는 것, 가진 것이 없다는 것, 본인에게 큰 도움이 되지 않을 것에 시선을 두는 것이 아닌 그냥 내 존재 자체를 귀하게 여겨주신다는 느낌이었다. 아무 조건 없이 나를 귀하게 대해주시는 회장님 덕분에 '아, 나는 참 귀한 사람이구나.'를 마음 깊이 느낄 수 있었다. 나를 대해주시는 그 모습이 너무나도 따뜻해서 오랫동안 여운이 가시지 않았다. 회장님께서는 내게 말씀하셨다. '참 희생은 승리의 지름길이다.' 그리고 내게 작은딸이 생겼다고 하시며 꼭 안아주셨다.

오랫동안 남는 여운 덕분에 마음이 너무 따뜻했지만 뜨겁진 않았다. 그 따뜻한 온도마저 나를 위한 배려 같이 느껴졌다. 나를 귀하게 여겨주시는 회장님의 마음이 나로 하여금 새로운 것을 깨닫게 해주었다. 누군가를 진심으로 대하는 것은 절대 다시는 일어나지 못할 것 같은 사람을 일으키기도 하고, 죽은 사람을 살리기도 하는 강력한 힘이 있다는 것을 말이다.

나의 겉모습이 아닌 내 존재 자체를 귀하게 여겨주셨던 하형록 회장님을 보면서 나도 누군가에게, 그리고 앞으로 만날 이들에게 이러한 존재가 되고 싶다는 생각이 들었다. 받은 만큼 흘려보내고 싶었다. 참된 꿈이 생긴 것이었다. 앞으로 나와 함께 대화하는 모든 인연 속에서, 또 잠깐 스치는 인연에서마저도 나를 통해 "당신은 정말 귀한 사람입니다." 느낄 수 있길 바라는 마음이었다.

하형록 회장님과의 맛난 만남   **전대진 작가님과의 맛난 만남**

···

메모하고,
기록하며 회복하다

지금 머릿속에 있는 생각들을 종이에 적고 한 걸음 뒤로 물러나
'무슨 일이 일어나고 있고, 무엇이 중요한가?'를 생각한다. 그럼 알게 된다.
우리는 중장기적 목표가 아니라 단기적으로 할 일이 많을 때 초점을 잃는다는 것을.

– 팀 페리스, 『지금 하지 않으면 언제 하겠는가』 –

내가 여태껏 훈련해왔던 습관들 중 가장 유용하다고 생각하는 습관은
바로 메모하는 습관이다. 갑자기 아이디어나 영감이 떠오를 때엔 핸드
폰을 꺼내 메모를 해두곤 한다. 적어두지 않으면 쉽게 잊어버리기 때문
이다. 그래서 내 핸드폰과 노트북에는 정말 많은 카테고리의 메모 폴더
가 있다. 좋은 책의 구절을 만날 때, 누군가 내게 좋은 이야기를 해주어
기억하고 싶을 때, 갑자기 어떤 생각이 떠오를 때 무조건 메모 앱을 켜서
기록해두곤 한다. 정말 신기하게도 걱정이 있을 때나 마음이 복잡할 때
마음에 있는 것들을 기도하는 마음으로 다 적어가다 보면 복잡했던 마음

이 한결 정리될 때가 있다. 그리고 실제로 적고난 다음 확인해보면 내가 생각하던 만큼의 큰 문제는 아니었구나 깨닫기도 한다. 학창 시절에 따돌림을 당한 이후에 누군가 내게 무심코 던진 말을 계속 곱씹게 되었고 내가 잘못했던 부분을 계속 생각해보면서 스스로에 대한 자책이 심했다. 유사한 상황이 있으면 그때의 기억이 자꾸 떠올랐다. 한번은 마음이 너무 힘들어서 심리 상담을 받게 되었다. 상담을 받으며 나는 선생님께 이렇게 말씀드렸다.

"선생님, 저는 절대 학창 시절로 돌아가고 싶지 않아요. 제게는 학창 시절에 대한 좋은 기억이 없어요."

그러자 상담 선생님은 내게 말씀하셨다.

"본인은 당시에 학교에 있는 전체 학생들이 본인을 싫어한다고 느꼈겠지만 분명 모두가 다은 님을 미워하지는 않았을 거예요. 곰곰이 생각해보면 잘 대해주었던 친구들도 있었을 수 있고요. 그래서 다음 상담을 받는 날까지 숙제가 있어요. 다은 님을 힘들게 했던 친구들의 이름을 한 번쭉 적어보세요. 기억이 나지 않는다면 그 친구의 특징을 적어도 상관없어요. 직면하기 쉽지 않겠지만 한 번 적어보면 분명 학교 전체의 사람들이 다은 님을 싫어한 것은 아니라는 걸 알 수 있을 거예요. 그걸 인지하는 것이 매우 중요합니다."

선생님의 이러한 말씀을 듣고 직면하기가 너무 싫고 두려웠지만 마음을 굳게 먹고, 종이에 나를 괴롭혔던 아이들의 이름, 지나가며 수군수군거렸던 아이들의 이름을 쭉 적기 시작했다. 생각대로 많기는 했지만 상담 선생님의 말씀대로 그것이 학교의 모든 학생을 뜻하지는 않았다. 나를 괴롭히고 힘들게 했던 아이들도 많았지만 내게 아무 감정이 없거나 나에게 잘 대해주었던 친구들도 있었다. 여전히 그 상처의 흉터가 쓰라리고 아팠지만 실제로 적어보고 그 상황을 직면해보면서 모두가 나를 싫어한 것은 아니라는 사실을 깨달을 수 있었다.

한번은 한국가족보건협회에서 강사 양성 과정을 이수하면서 상담 관련 강의 중에 이러한 상담 사례가 있었다. 한 여성분이 빚이 너무 많아서 도저히 감당할 수가 없다며 상담을 받으러 왔는데 상담 선생님께서 정확하게 갚아야 할 빚이 얼마냐고 물어보니 빚이 너~무 많아서 절대 갚을 수 없다고 했다. 상담 선생님께서는 대체 갚아야 할 빚이 얼만지 한번 적어보고 그 상황을 직면해보자고 하셨다. 그래서 갚아야 할 빚이 얼만지 하나하나 함께 적어봤다. 그런데 실제로는 갚아야 할 돈이 그렇게 크지 않았다. 그 사실을 알게 된 여성분은 이렇게 말했다.

"네? 너무 무서워서 제대로 상황을 보지 못했는데 자세히 보니 생각했던 것보다 갚아야 할 돈이 훨씬 적네요."

이처럼 복잡하다 느껴지는 상황도 한번 적어보고 한 발자국 떨어져서
그 상황을 바라봤을 때 있는 그대로 상황을 직면할 수 있었고, 커 보이는
문제들도 막상 생각했던 것보다는 크지 않은 일이라는 것을 인지할 수
있었다. 마음이 너무 복잡하거나 정작 내 마음이 어떤지도 알지 못할 때
에 나는 무작정 노트를 꺼내 차근차근 적었다. 이렇게 무작정 써 내려가
는 것만으로도 머릿속이 한결 정리되고 복잡해보였던 문제들이 해결되
는 것을 볼 수 있었다.

···

'하면 된다'
마인드 가지기

무릇 그 마음의 생각이 어떠하면
그의 사람됨도 그러하니.

– 잠언 23:7 –

나는 '나 같은 사람이 과연 할 수 있을까?'라는 생각을 많이 했었다. 이러한 자기 의심은 나를 앞으로 나아가지 못하게 만들었다.

'저는 아직 부족해서요.', '더 배우고 난 뒤에 시도해보겠습니다.'라고 말하며 내 눈앞에 주어진 기회를 계속 뒤로 미루었다. 하지만 생각의 차이가 어마어마한 결과의 차이를 만들어낸다는 것을 깨달았다. 내가 처음 독서 모임을 진행하기 시작한 나이는 20살이었다. 오프라인 독서 모임을 열었는데 신청해주시는 분들 중 50대인 분도 계셨다. '내가 과연 할 수 있을까? 나는 아직 어리고 부족한데…'라고 생각할 때는 그분들을 대상으로 절대 모임을 진행할 수 없을 거라고 생각했었는데 마인드를 조금 바꿔보기로 했다. '어떻게 하면 성공적으로 모임을 잘 진행할 수 있을까?', '어떤 부분을 더 준비하면 그 분들도 더 만족할 수 있을까?'를 고민하기 시작하니 '해보자!', '하면 될 거야!'의 마인드를 가지고 시도해볼 수 있게 되었다.

이처럼 새로운 것을 시도하기 위해서는 생각을 바꿔야 한다는 것을 깨닫게 되었다. '내가 과연 될까?' 하는 부정적인 생각을 바꾸지 않고 무엇인가 시도해보려고 할 때, 그런 부정적인 생각들이 새로운 시도를 하지 못하게끔 만들었다. '내가 이걸 과연 할 수 있을까?' 와 같은 부정적인 생각을 '어떻게 하면 되게 할 수 있을까?'라는 질문으로 바꿨을 때 긍정적인 결과를 이끌어낼 수 있었다. 나도 처음 책을 쓸 때 '아직 나는 대단한 것을 이룬 사람도 아닌데 책을 써도 될까? 내가 이렇게 할 만한 자격이 있을까?'라는 생각을 했었다. 그래서 글을 쓰면서도 좌절의 순간이 많이 찾아왔다. 하지만 '어떻게 하면 내가 한 경험들로 다른 이들에게 도움을 줄 수 있을까?' 하고 생각을 바꿔보니 '노베이스에서 부터 한 걸음 한 걸음 걸어온 이 여정이 누군가에겐 도움이 될 수도 있지 않을까? 그들에게 조금이라도 더 도움이 되려면 어떻게 하면 될까?'라는 생각을 할 수 있게 되었다. 그러한 생각으로 바꿔보니 본인만의 기준을 갖고 나아갈 방향을 찾길 원하는 사람들, 온전한 나를 찾기 원하는 사람들에게는 이때까지 내가 해온 고민과 경험으로 도움을 줄 수 있겠다는 희망이 생겼다.

"하려는 자는 방법을 찾고, 하지 않으려는 자는 변명을 찾는다."
– 정회일, 『마음에 불을』

도전하고자 하는데 망설여지는 것이 있다면 '과연 이게 될까? 내가 할 수 있을까?'가 아닌 '이걸 어떻게 하면 할 수 있을까?'라고 한번 바꿔서 생각해보면 어떨까. '이게 될까?' 했던 것이 '오, 진짜 되네?'로 바뀌는 것을 경험할 수 있을 것이다.

···

그럼에도 불구하고
감사하다

감사하는 법을 배울 때 우리는 인생에서 나쁜 일이 아닌
좋은 일에 집중하는 법을 배우는 것이다.

– 에이미 반데빌트 –

　도서관으로 매일 등교를 하던 시절의 나는 용돈도 받지 않았고 아르바이트도 다 그만뒀던 터라 고정 수입이 없는 상황이었다. 어김없이 도서관에 출근해 책을 읽던 어느 날, 갑자기 앞날이 너무 캄캄하고, 막막하다고 느껴져서 마음에 불평이 올라왔다. 그런데 읽고 있던 책의 한 구절이 내 마음에 들어왔다.

　"지금까지의 인생에 어떠한 고난을 겪어왔든
　단 하루라도 세상을 볼 수 있다면

단 하루라도 걸을 수 있다면

단 하루라도 들을 수 있다면

단 하루라도 굶지 않을 수 있다면

단 하루라도 일반인처럼 사람들을 만나고 생활할 수 있다면

단 하루라도 죽을 걱정을 하지 않고 살 수 있다면

이러한 소망으로 하루하루를 살아가시는 분들이 얼마나 많은지 아시나요?

이런 고민을 매일 하지 않아도 된다면,

당신은 그것만으로도 엄청나게 축복받은 사람입니다."

— 정회일, 『마음에 불을』

솔직히 당장 내 앞에 일어난 상황만 봤을 때는 도저히 감사할 것이 없어 보였다. '아무 것도 보장된 것이 없는 내 인생은 어떡하지? 나는 뭘 하면서 살아야 하지?' 1차원적인 의식주 문제부터 어떻게 해결해가야 할지, 그것이 해결된다고 해도 앞으로 내가 해야 할 일은 무엇인지 어떻게 해야 할지 막막한 상황 속에서 내가 할 수 있는 일은 책을 읽는 것뿐이었다. 하지만 시선을 조금만 돌려보니 내 방이 있음에, 방의 푹신한 침대에서 잘 수 있음에 감사할 수 있었다. 또, 동네에 도서관이 없었을 수도 있었을 텐데 걸어서 갈 수 있는 거리에 도서관이 있다는 것에도 감사했다. 책을 읽으며 '그래, 나는 두 다리로 이렇게 걸을 수 있고 두 눈으로 볼 수 있는 것만 해도 엄청나게 행복하고 축복받은 사람이구나!'라고 깨달았다.

휴학을 하고 가진 것은 젊음 뿐인 시절이라 내게 주어진 하루는 특별한 것이 하나도 없었고 단조로웠다. 그래도 지금 내게 주어진 것 중에서 감사한 것을 한번 찾아보면 어떨까 하는 생각에 감사한 것 5가지를 매일 적기 시작했다.

감사일기를 쓰기 시작한 지 6개월이 되고 1년이 되었다. 매일 감사 일기를 적다 보니 어디 하나 아픈 곳 없이 새로운 아침을 맞이할 수 있어서 감사했고 매일 같이 성실하게 나를 비춰주는 햇빛이 있어 감사했다. 또 책을 읽으러 갈 때 날이 너무 맑고 화창해서 감사했다. 새가 지저귀는 소리에 발걸음이 경쾌해져서 감사했고 산들산들 불어오는 바람이 너무 시원하고 기분이 좋아서 감사한 마음이 벅차올랐다. 감사하면 감사할수록 거창한 것이 아닌 사소한 모든 것들이 새롭고 감사하게 느껴진다는 것이 너무 신기했다. 당연해 보이고, 사소해 보이는 것들을 깊이 음미할 때 감사의 향기는 내 마음을 더욱 깊이 적셨다. 결국 내게 주어진 것 중에 당연한 것은 아무 것도 없었기 때문이었다. 감사함이 사라졌을 때 내 마음은 늘 '불평'이라는 신호를 보내온다. 마음에 불평이 있을 때를 보면 어김없이 내 마음에 감사함이 사라졌기 때문이구나 하는 것을 깨닫는다. 불평 신호가 오면 나는 내가 당연하다 느끼는 것들에 대해 다시 한번 생각해보며 감사하는 시간을 가지려고 한다. 잘 안 될 때도 많지만 말이다.

그런데 신기한 것은 실제로 감사하는 마음을 가지면 우리 뇌가 변하고

삶도 달라질 수 있다는 것이 의학적으로도 증명됐다는 것이다. 〈SBS 8
시 뉴스 건강라이프〉에서 방영된 연구 결과인데, 30대 직장인에게 어머
니에 대한 고마움을 떠올리게 하는 메시지를 5분 동안 들려줬더니 심장
박동이 안정적인 파형을 그렸고 표정은 편안해지는 현상이 나타났다. 잠
시 뒤 동일한 사람에게 자책하고 원망하라는 메시지를 들려줬더니 서서
히 표정이 굳어졌다. 상반된 메시지를 들었을 때 표정만 달라지는 게 아
니었다. 국내 대학 병원 연구팀이 두 가지 상반된 감정을 느꼈을 때 심박
수와 뇌의 변화를 측정해본 결과, 감사할 때는 심박 수가 점차 감소하는
반면에 원망을 할 때는 스트레스를 받을 때처럼 증가하기 시작했다. 심
박 수가 달라지는 건 상황에 따라 우리 뇌도 계속 변하기 때문이다. 측좌
핵 등 여러 부위에 걸쳐 있는 보상 회로가 즐거움을 느끼도록 하는데 감
사하는 마음을 가지면 보상 회로가 뇌의 많은 부위에 연결돼 즐거움을
더 잘 느끼게 된다는 것을 기능 MRI 영상을 통해 확인할 수 있었다.

강남세브란스 정신건강의학과 김재진 교수님은 "그런 게 계속 반복해
서 나타날 때 변화들이 쌓여서 영구적인 효과로 나타날 수 있는 것"이라
고 말씀한다. 늘 큰 변화는 아주 사소한 것부터 시작된다. 천 리 길이 한
걸음부터인 것도, 티끌 모아 태산이 되는 것도 마찬가지인 것처럼 말이
다. 당장은 아무 것도 변한 것이 없어 보일지라도 '그럼에도 불구하고 감
사'할 때 그 모든 상황은 내게 선물이 되어주었다.

···

꿈이 조금씩
선명해졌다

이 세상에서 가장 행복한 사람은 매우 즐겁고 행복하게 일하면서
생활비를 버는 사람일 것입니다.

– 월터 C. 알바레스 –

도시락을 들고 도서관으로 등교하던 시절의 이야기이다. 나는 당시 하루에 책 한 권 읽기를 실천하고 있었기 때문에 매일 읽는 책이 달랐다. 그날 읽을 책은 브랜든 버처드의 『메신저가 되라』였다. 읽던 중에 유독 한 문장이 눈에 띄었다.

"메신저란 자기가 가진 경험과 지식을 메시지로 만들어 다른 이들에게 전달하는 사람을 말한다. 그리고 나만의 메시지로 사람들에게 영감을 불러일으키며 세상을 위해 큰 가치를 만들어내면 "백만장자 메신저"가 될

수 있다."

브랜든 버처드는 인생을 살면서 깨달은 것과 나의 경험을 세상의 누군가는 간절히 필요로 하고, 그것으로 사람들에게 도움을 주며 세상과 소통할 수 있다고 이야기했다. 브랜든 버처드의 글을 읽으며 나는 가슴이 뛰었다. 아직 확실하지는 않았지만 나도 브랜든 버처드처럼 나의 인생과 경험으로 다른 이들에게 도움이 되고 싶었다. 브랜든 버처드의 이야기는 내게 꼭 캄캄한 암흑 속에서 한 줄기의 빛을 보게 된 것만 같은 느낌이었다. 본인의 경험과 삶 속에서 깨달은 메시지를 책과 강의로 전달하는 김미경 강사님과 같은 메신저가 되고 싶다는 꿈이 마음속에 피어났다.

어린 시절, 나는 성악을 했었기 때문에 대회를 많이 나갔다. 그때도 무대 체질이라는 이야기를 많이 들었다. 남들 앞에 서서 발표하고 이야기하는 것을 좋아했고 공부하다가 친구들이 모르는 부분이 있다고 하면 설명해주고 도움 주는 것을 좋아했다. 선생님 흉내를 내듯이 인형을 앞에 세워두고, 벽에다가 색연필로 설명을 하며 역사 공부를 했다. 그렇게 공부한 역사 시험은 늘 100점이었다. 이미 어릴 적부터 내 마음속 깊이 있었지만 자각하지 못했던 꿈을, 책을 통한 간접 경험으로 깨달을 수 있게 된 것이었다. 이처럼 이전에는 알지 못했던 새로운 나의 모습과 내가 좋아하고 잘하는 것을 찾기 위해서는 책을 통한 간접 경험이든 직접 경험이든 이전까지 해보지 않았던 새로운 경험들을 해봐야 했다. 왜냐하면 매일 하던 것만 시도해서는 얻을 수 있는 경험이 한정적이었기 때문이다.

　새로운 것을 시도해볼수록 새로운 것을 느낄 수 있었다. 여행을 다녀온 사람들이 여행을 추천하는 이유도 다양한 곳을 다녀오면 새로운 문화권에서 경험하면서 세상을 볼 수 있는 시야가 넓어지기 때문이다. 많은 것들을 보고 들을수록 내가 선택할 수 있는 선택지는 더 다양해졌다. 처음에 나도 보고 들은 것이 많지 않았기 때문에 대학을 졸업하고 취직하는 것이 세상의 전부인 줄 알았다. 소위 '우물 안 개구리'였던 것이다. 하지만 독서를 통해서 내가 알고 있는 세상이 전부가 아니라는 사실을 깨닫게 되었다. 독서를 통해 다양한 간접 경험을 하면서 내가 아는 것보다 훨씬 더 큰 세상이 있다는 것을 알게 된 것이다. 세상엔 내가 할 수 있는 것과 해보고 싶은 것들이 다양하게 많이 존재했다. 그래서 가까운 서점이나 도서관에 가서 어떤 제목이 나의 관심을 이끄는지 살펴보는 것이 도움이 많이 됐다. 제목을 보다가 흥미를 끄는 책이 있다면 한번 읽어보고 그 길을 이미 걷고 있는 사람의 경험담과 생각을 읽으며 '내가 이 길을 똑같이 걷는다면 어떨까?' 생각해보는 것이 내가 조금씩 나의 꿈을 찾을 수 있었던 방법이었다.

···

꿈을 명사가 아닌
동사로 표현하면 일어나는 일들

그는 분명 누구보다 큰 꿈을 지니고 살았지만 꿈만 꾸며 살아온 공상주의자는 아니었다.
실제로 누구보다 치열하게 현실을 살아온 리얼리스트였을 것이다. 리얼리스트가 되라.

– 이지성, 『독서 천재가 된 홍대리』 –

아이들에게 꿈이 무엇이냐고 물어보면 특정 직업을 많이 이야기하고
는 한다. 의사, 선생님, 사업가 이런 식이다. 하지만 〈국민일보 미션 라
이프〉에서 팀하스 기업의 하형록 회장님께서는 꿈을 동사로 표현해보라
고 하신다. 명사는 '정지'형이지만 동사는 '진행'형이다. 회장님께서는 "명
사는 자신의 자부심을 키우지만 동사는 우리로 하여금 그때 우리의 꿈을
향해 실천하게 한다."며 "어릴 때부터 동사로 꿈꾸는 이는 스스로 자신의
꿈을 실천해가며 마침내 참된 성공을 이룬다. 사회적 부와 명예를 차지
하는 의사가 되는 것이 아니라 자비로운 의사로서 아픈 이들의 마음까지

치료하는 의사가 된다. 무대에서 음악의 위대함을 뽐내는 음악가 아니라 관중의 마음을 울릴 수 있는 음악가가 된다"고 하신다. 하형록 회장님의 말씀을 듣고, 나도 명사가 아닌 동사로 꿈을 꾸기 시작했다. 처음엔 단순히 '작가, 강연가'가 되겠다는 꿈을 꿨다면 지금은 '당신을 빛나게 하고 당신의 회복을 돕는 메신저'가 나의 꿈이다.

단순히 명사로만 꿈을 가졌다면 그 직업을 가지기 위해서 노력하는 것에서 그쳤을 것이다. 하지만 동사로 꿈을 꾸기 시작하니, '나중이 아닌 지금 당장 그렇게 살아내려면 어떻게 해야 할까?'를 고민하게 되었다. 그래서 '당신을 빛나게 하고 회복을 돕는 메신저가 되기 위해서 지금 당장 무엇을 해야 할까?' 고민해보니 자신이 얼마나 소중한 가치가 있는 사람인지 스스로 깨달을 수 있도록 돕는 메시지를 다양한 사람들에게 전할 수 있으면 좋겠다는 생각이 들었다.

'음… 그럼 다양한 플랫폼으로 그 메시지를 전해보면 어떨까?'

그래서 다양한 플랫폼(유튜브, 인스타그램, 블로그 등)으로 내가 전달하고자 하는 메시지를 전하면서 내게 인스타그램 메시지나 쪽지로 보내오는 사연들을 읽고 마음을 담아 진심으로 답변해주었다. 내 답변이 비록 작은 것이라도, 답변을 받는 이에게 '당신은 너무 귀한 존재다.'라는 것을 느끼게 해주고 싶었다.

그렇게 삶 속에서 아주 작은 실천으로 꿈을 살아내다 보니 '온전한 나 찾기'를 주제로 나만의 고유함을 발견해 그 목적대로 살아갈 수 있도록 돕는 책도 쓸 수 있게 되었다. 또 1:1 코칭을 통해서 자신의 비전을 찾게 되었고 앞으로 어떻게 삶을 살아가야 할지 알게 되었다며 삶이 회복되었다고 감사 인사를 해주셨다. 그런 후기를 들으니 지금 비록 힘들어도 포기하지 않고 계속 한 걸음 한 걸음을 내디뎌봐야겠다는 생각이 들었다. 앞으로도 나와 만날 이들이 자신의 고유함을 발견하고 온전한 '나'를 찾아갈 수 있도록 돕기 위해서 더욱 공부하고 노력할 것이다. 이렇게 하루하루 꿈을 동사로 살아내려고 애쓰다 보면 어느 순간 꿈을 살아내고 있는 당신과 나를 마주할 수 있을 것이라고 굳게 믿는다.

나음보다 다름

에두아르 마네의 〈피리 부는 소년〉

한 달 유럽 여행을 하면서 파리의 오르세 미술관을 다녀왔다. 모든 그림이 하나하나 인상 깊었지만 나는 특히 인상주의 화가들의 그림이 좋았다. 가이드님이 설명해주시는 화가의 스토리를 하나하나 듣고 나니 기억에 남는 한 화가가 있었다. 그 이름은 바로 프랑스 인상파 화가, '마네'이다. 마네의 그림을 보며 '나음보다 다름'을 선택한 사람이라는 생각이 들었다.

그는 일체의 관습적이고 제도적인 구속에서 벗어나 그림 자체의 본질에 집중할 때 비로소 완성된다는 것을 아는 화가였다. 국전에서도 그의 작품이 모두 낙선되고, 많은 이들의 신랄한 비난, 대중들의 외면에도 그 비난에 자신을 맞추지 않고 본인만의 길을 굳건히 걸어갔기 때문이다. 그래서, 남들의 기준이 아닌 자신만의 기준으로 그림을 계속 그려왔던 마네가 인상주의의 아버지라 불리는 것이 아닐까 하는 생각을 했다. 나도 마네처럼 나만의 길을 걸으며 계속 도전하며 앞으로 나아가는 나만의 인생을 살아야겠다 다짐해보는 계기가 되었다.

  당신은 주변의 이야기에 귀 기울여 '다름'보다 '나음'을 선택한 경험이 있는가? 혹은 내 마음에 솔직하여 '나음'보다 '다름'을 선택한 경험이 있는가? 인상주의의 아버지, 마네처럼 나음보다 '다름'을 선택한다면 남들보다 '조금 나은 인생'이 아니라 남들과는 '다른 나만의 인생'을 살 수 있게 되지 않을까?

MEMO

Remember who you are

하루하루 꿈을 동사로 살아내려고 애쓰다 보면

어느 순간 꿈을 살아내고 있는 당신과

나를 마주할 수 있을 것이다.

PART 4

Remember who you are

나는
백수가
아니에요!

···

요즘 너는
뭐 하고 지내니?

시작이 조금 두려웠을 뿐, 정말 아무 것도 아니었습니다. 일단 시도해보기!
진짜 두려움은 다른 사람들 시선이 아닌 내 마음 안에 있다는 사실 깨닫기!
실패에 마음 쓰지 않기! 그리고 작은 성공에 진심으로 기뻐하기!

– 이지선, 『지선아 사랑해(다시 새롭게)』 –

내게 어려웠던 것은 주변의 시선, 사회가 나를 바라보고 있는 시선이
었다. 하지만 이보다 나를 더 힘들게 했던 것은 내가 나 스스로를 바라보
는 시선이었다. 주변의 시선에 의해 내 마음이 흔들리지 않을 만큼 단단
해지길 원했고 내가 가는 길에 스스로 확신을 가질 수 있기를 진심으로
원했다. 하지만 부모님 주변에서 들리는 말 중에 나를 유난히 힘들게 했
던 말은 이런 말들이었다.

"다은이는 요즘 학교 잘 다녀요?"

"요즘 뭐 하고 지내요?"

지금 와서 생각해보니 이 말이 유난히 더 어려웠던 이유는 책임감 때문이었다. 어릴 때, 7살 차이가 나는 언니의 사춘기 시절의 방황으로 인해 부모님이 많이 힘들어하시는 모습을 보며 컸다. 그 모습들을 보며 '엄마 아빠 말 잘 들으면 되지 왜 저렇게까지 반항해야 할까?'라는 생각이 들었다. 엄마의 우는 모습을 보면서 어린 시절, 굳게 다짐한 것이 있다.

'나는 꼭 엄마를 행복하게 해줘야겠다. 엄마의 기쁨이 되는 딸이 되어야겠다. 자랑스러운 딸이 되어야겠다.'

어떤 기사에서 한 문장을 만난 적이 있다. 형제나 자매가 부모님과 심한 갈등이 있는 것을 보고 자라면 남은 아이는 철이 일찍 든다는 것이었다. 부모님의 아픈 마음이 나로 인해 치유되고 회복되기를 간절히 바랐다. 그래서 그런지 주변에서 부모님께 묻는 "다은이 요즘 뭐 해?"라는 말이 참 아프게 다가왔다. 그 말이 혹시나 부모님을 힘들게 하지 않을까 하는 생각 때문이었다. 학교를 지금 잘 다니고 있는 것도 아니었고, 그렇다고 결과나 성과를 멋지게 내놓을 수 있는 상황도 아니었기 때문에 혹여나 나로 인해 엄마 아빠가 자식농사 망쳤다는 소리를 듣거나 '나 때문에 그 동안 살아오신 인생을 부정당하면 어떡하지?'라는 생각이 나를 짓눌

렀다. 그래서 그런지 얼른 결과를 내야 된다는 조급함이 늘 나를 따라다녔다. 그래서 때론 안전하게 어딘가 소속되어 있고 싶다는 마음이 간절했다. 한번은 그 시기에 적어놓은 일기장을 읽게 되었다.

'사회에서, 주변에서 내게 어떠한 이야기를 하든지 아무렇지도 않을 때쯤, 그렇게 어떤 말을 들어도 괜찮을 때까지는 내게 부정적인 이야기를 하는 사람, 나를 깎아내리는 사람, 나를 나아가지 못하게 하는 사람과는 거리를 두고 만나지 말자. 흔들릴 수 있는 말을 듣고도 아무렇지도 않게 넘길 수 있을 만큼 단단해지면 그때 비로소 사람을 만나자.'

그래서 꼭 필요한 상황이 아니면 최대한 인간관계를 멀리하고, 성장에만 몰입하는 시간을 가졌다. 당시에 내가 나아갈 수 있는 방법은 이것 뿐이라고 생각했다. 주변의 이야기, 친구들의 조언을 모두 다 들어가며 앞으로 나아가는 것은 불가능했다. 성장하기 위해서 혼자 집중하고, 몰입할 시간이 필요했다.

앞으로 나아가야 할 방향성도 얼른 찾고 싶었고 빨리 성과를 내야 한다는 생각에 '한번 해볼까?' 생각이 드는 것은 전부 시도해보기로 마음을 먹었다.

"다은아, 너는 뭐 하고 지내니?"

이 질문에 답하기 위해서 다양하게 시도해본 것들을 총 5가지의 주제로 나눠보고, 이 도전들을 통해 어떻게 '온전한 나'를 찾아올 수 있었는지 소개해보려고 한다.

도전1	세상 속에 '나'라는 존재 알리기 – 유튜브와 인스타그램
도전2	초보가 왕초보를 가르치기 – 영어 과외
도전3	온라인 사업 – 아마존 사업, 스마트 스토어
도전4	함께 성장하며 시너지 내기 – 독서 모임/소셜 모임 진행
도전5	남을 도우면서 나만의 길을 찾기 – 1:1 코칭

세상 속에 '나'라는 존재 알리기
- 유튜브와 인스타그램

다이아몬드를 찾는 사람이 진흙과 수렁에서 분투해야 하는 이유는
이미 다듬어진 돌 속에서는 찾을 수 없기 때문이다. 다이아몬드는 만들어지는 것이다.

– 헨리 B. 윌슨 –

어렸을 때부터 나는 사람들 앞에서 이야기하는 걸 좋아했고 주목받는 일을 즐겼다. 그래서 그런지 커서도 많은 사람들 앞에서 가치 있는 메시지를 전달하며 선한 영향력을 주는 일을 하고 싶었다. '어떤 내용의 메시지를 전해야겠다'는 것도 분명하지 않았지만, 내 메시지를 듣는 사람들이 '내가 참 귀한 존재구나' 알게 되기를 원했다. 방향성을 찾지 못했던 내가 책과 강의를 통해 꿈을 갖게 된 것처럼 나도 다른 이들에게 용기와 희망을 주는 사람이 되고 싶었다. 그래서 '내가 전하고자 하는 메시지를 어떠한 소재로 전달해야 할까?' 고민을 많이 했다. 하지만 멘토님께서는 무엇

이 되었든 일단 무조건 시작해보라고 하셨다. 그래서 유튜브를 먼저 해보기로 했다. 하지만 불특정 다수가 있는 곳에 나를 오픈한다는 것 자체가 내겐 쉽지 않은 일이었다. 왜냐하면 내가 학창 시절에 경험했던 집단 따돌림이 SNS에서도 이어질까 봐 두려웠기 때문이다. 내가 영상을 올리면 사람들이 욕하고 싫어할 것 같았고 그 영상을 본 사람들이 나를 어떻게 생각할지 두렵고 무서웠다.

하지만 무엇인가 또 계속 시도해야 결과가 있다는 생각에 용기를 내보기로 했다. 어떤 영상을 올려볼까 고민하다가 독서를 열심히 하고 있었기 때문에 책 내용을 나의 느낀 점과 함께 전달하는 것으로 시작하기로 했다. 채널명은 〈책을 나누는 다니〉로 정했다. (지금은 〈김다니〉로 채널명을 바꿨다.)

첫 영상을 촬영하는 데만 무려 7시간이 걸렸다. 영상의 내용은 책 『그대, 스스로를 고용하라』의 내용을 요약해서 내 생각과 함께 전달하는 것이었다. 영상을 계속 올리면 올릴수록 말하는 것도 점점 늘었고 '내가 강의식으로 사람들에게 전달하는 것을 재미있어 하는구나. 그리고 잘하든 못하든 일단 시도해보니 되긴 되네?'라는 생각이 들었다. 또 이렇게 작은 성공을 쌓아가면 쌓아갈수록 '이것도 시도해볼까?'라며 긍정적인 선순환이 일어났다. 이어서 인스타그램과 블로그도 시작하게 됐다. 이전에 SNS는 최악의 시간낭비라고 생각했었는데 많은 사람들에게 메시지를 전달하려면 SNS처럼 전파력이 좋은 것도 없겠다는 생각이 들었다. 하지만 처음에 인스타그램에 글을 올릴 때 나를 드러내거나 얼굴을 오픈하기는 두려워서 그냥 좋았던 책 구절을 카드로 만들어서 업로드하고는 했다.

남들은 'SNS에 자기 사진 올리는 게 뭐가 어려워?' 할 수 있겠지만 나에게는 그냥 일상을 공유하는 것 이상의 일이었다. 나를 오픈할 때마다 학창 시절의 따돌림을 당했던 기억이 떠올라서 여전히 누군가 나를 보며 수군수군 거릴 것 같았기 때문이다. 하지만 새로운 것을 시도하지 않으면 발전이 없겠다는 생각에 조금씩 용기를 내어 내 삶과 사진을 오픈하기 시작했다. 나를 드러내고 메시지를 전달하는 이 과정들이 쌓일수록 '거 봐, 내 사진을 올려도 아무 일도 일어나지 않잖아. 오히려 올린 내용이 너무 도움이 되었다는 댓글과 감사 메시지가 오는 것이 참 감사하다~!'라는 생각이 들었다. 세상은 아직 나를 알아봐주지 못하더라도 '나'라는 사람이 존재하고 있다는 신호를 계속해서 세상 가운데 보내면 언젠가 반응이 올 것이라 믿었다. 쉽지 않은 과정이지만 꾸준히 글과 콘텐츠를 업로드하며 '김다니'라는 퍼스널 브랜드를 구축할 수 있었다. 앞으로도 많은 사람들이 온전한 자신을 찾고 나만의 목적으로 살아갈 수 있도록 돕는 다양한 콘텐츠를 나눠보려고 한다.

유튜브 도전하기

매력적인 사람들의 공통점 5
가지, 볼 수록 매력적인 사…

조회수 1.1천회 · 7개월 전

👍 52 💬 12

내 평생을 위한 4000시간 타
이탄의 도구 수집하기#1

조회수 658회 · 1년 전

👍 31 💬 17

좋아하는 일, 이렇게 찾아보세
요.

조회수 967회 · 1년 전

👍 58 💬 19

[책추천] 🙎 고난이 닥칠 때,
어떻게 희망을 가질 것인가…

조회수 1.3천회 · 1년 전

👍 69 💬 22

나의 사명?| 책 'P31 성경대
로 비즈니스하기' | 팀하스…

조회수 2.2천회 · 2년 전

👍 76 💬 28

[책 소개] 에이트 당신이 지금

초보가 왕초보를 가르치기
– 영어 과외

한 인간의 가치는 그가 무엇을 받을 수 있느냐가 아니라
무엇을 주느냐로 판단된다.

– 알버트 아인슈타인 –

나는 학창 시절부터 로망이 하나 있었다. 과외를 한번 해보고 싶다는 것이었다. 근데 마침, 영어 공부를 계속하고 있었고 가르치는 일도 잘해 볼 수 있겠다는 생각이 들었다. 영어를 유창하게 잘하는 것은 아니었지 만 그래도 초등학생은 잘 가르쳐볼 수 있겠다는 생각이 들었다. 그래서 다른 선생님들은 어떻게 수업을 진행을 하고 있는지 관련 영상을 다 찾 아보고 정리했다.

수업 방식을 구성한 다음에, 해야할 일은 학생을 모집하는 일이었다.

'초등학생 나이대의 자녀를 둔 학부모가 가장 많이 모여 있는 곳은 어디일까?' 고민해보니 맘 카페라는 생각이 들었다. 그래서 교재와 수업 진행 방식을 구성해서 맘 카페에 과외 모집 글을 올렸다.

'설마 연락이 올까?' 했는데 신기하게도 네이버 카페 쪽지에 알림이 계속 울리기 시작했다. 문자 상담, 전화 상담을 진행했는데 그렇게 진행한 상담 건만 150건이 넘었다. 처음에는 체험 수업 1회를 진행하고, 체험 수업에서 만족도가 좋으면 다음 수업을 연장하는 식으로 진행을 했다. 처음에 한 학생을 시작으로 다른 학부모들에게 입소문이 나서 몇 명 더 수업을 하게 되었다.

'영어 전공이 아닌데 과연 될까?' 했던 마음이 '우와, 해보니 진짜 되네?'로 바뀌었다. 수업을 하면서 내가 아이들을 가르치는 입장이었지만 내가 더 많은 것들을 배울 수 있었다. 학부모님을 상대하는 방법과 어떻게 하면 초등부, 유아부를 대상으로 더 쉽고 재미있게 알려줄 수 있을지 고민했던 시간들, 안 될 것 같았던 것을 시도했을 때 '하면 되는구나.' 깨달았던 경험과 사소한 것에도 기뻐할 줄 아는 아이들의 순수함을 보면서 잠시나마 하루의 고단함이 씻겨 내려가는 것 같았다.

영어를 가르치면서 '학생들에게 조금 더 좋은 영향을 줄 수 있는 방법이 없을까?'를 고민하다가 매 수업 전에 감사한 것 한 가지씩을 나누는 것을 함께 하기로 했다. 아이들은 수업 전에 감사한 것 말하기가 습관이 되어서 내가 잊어버리고 건너뛰면 "선생님, 저희 감사한 거 말 안 해요?"라고 묻기도 했다. 용기 내어 시작했던 3년간의 과외 수업을 통해 오히려 내가 받은 것이 더 많았다. 성장도 하고, 돈도 벌고 1석 2조였다.

누군가를 가르치는 것이 크게 부담스럽지 않다면 남들보다 조금 더 잘 알고 있는 것을 가르칠 수 있는 환경을 만들어보면 어떨까. 예를 들어 중국어를 남들보다 조금 더 잘한다면 이제 막 중국어를 배우기 시작하는 사람들을 가르칠 수 있다. 초보자가 왕초보를 가르치면 된다. 왕초보에게는 교수님보다 초보자가 더 좋은 선생님일 수 있다.

"아… 저는 아직 자격이 안 돼서요."
"아, 저는 중국어 전공이 아닌데요?"

중어중문학과를 전공해야지만 중국어를 가르칠 수 있는 것이 아니다. 남들이 안 된다고 하는 것을 다양하게 시도해오면서 느낀 것이 하나 있다. 자격을 위한 자격을 따지면 자격이 갖춰질 때까지 아무 것도 시도할 수가 없다. 그리고 오히려 자격도 더 늦게 갖춰질 뿐이다.

온라인 사업하기
– 아마존 사업, 스마트 스토어

20년 후 당신은, 했던 일보다 하지 않았던 일로 인해 더 실망할 것이다. 그러므로 돛줄을 던져라.
안전한 항구를 떠나 항해하라. 당신의 돛에 무역풍을 가득 담아라. 탐험하라. 꿈꾸라. 발견하라.

– 마크 트웨인 –

다음으로 내가 도전했던 것은 온라인 사업이었다. 사실 처음에는 사업을 할 생각은 없었다. 하지만 "다은아, 너 요즘 뭐 하고 있니?"라고 물을 때 "저 꿈 찾고 있어요."라고 말하기도 어려워서 늘 나도 뭔가 하고 있고 이 일에서 성과가 있다는 것을 보여주고 싶었다. 그래서 유튜브로 관련 강의를 있는 대로 찾아서 듣고, 관련 책을 읽으면서 5개월 정도 아마존 사업 공부만 했다.

이후에 2020년 3월에 사업자 등록증을 내고, 친구와 함께 2년 가까이 아마존 PL 사업을 했다. PL 사업이란 Private Label, 즉 자체 브랜드 상품을 말한다. 브랜드 RPT를 런칭해서 인테리어 소품, 가구를 직접 디자인해서 공장에 제작 의뢰를 했다. 우리 물건 디자인을 다른 판매자들이 따라 하지 못하도록 상표 등록부터 아마존 내에 내 브랜드를 등록하는 브랜드 레지스트리 등록, 중국 변호사를 고용하는 등 재미있는 일을 많이 할 수 있었다.

많은 아이디어와 스타일, 디자인들이 있는 Pinterest 앱으로 해당 가구의 사진을 정말 모두 다 빠짐없이 봤다. 기존 상품보다 더 나은 디자인으로 물건을 제작하기 위해서 매일 눈이 빠지도록 상품 사진들만 보며 디자인을 분석하고, 시장의 틈새를 타켓팅해서 그 고객층에 맞게 디자인했다. 하지만 나는 하루 종일 걸려도 완성하지 못한 디자인을 디자인에 소질이 있는 사람들은 단 몇 시간 만에 뚝딱 끝냈다. 이 작업을 해보면서 '아, 나는 하면 할 수는 있지만 디자인에 특별한 소질은 없구나.' 알 수 있었다.

또, 프리랜서 디자이너들에게 작업을 의뢰할 수 있는 플랫폼인 Fiverr에서 다양한 국적의 프리랜서 디자이너와 협업하며 공장과 의견을 맞춰 가는 작업을 했는데, 가끔은 의견 전달이 잘못돼서 우리가 원한 물건과는 완전히 다른 물건이 만들어지기도 했다.

그렇게 몇 번의 샘플을 거쳐가며 물건을 완성했다. 실제 고객들이 직접 우리가 디자인한 물건을 구매하고 별 5개와 좋은 리뷰를 남겨줄 때면 뿌듯했다. 하루에 평균 5~10개씩 팔렸고 많이 팔리는 날에는 15개 이상씩 팔렸다. 하나의 물건으로만 매달 순수익이 200만 원 정도 되었다. 사업을 하면서 일어난 많은 변수들을 통해 그것을 통해서 빨리 판단하고 해결할 수 있도록 문제를 대처하는 능력을 배웠다. 돈 주고는 절대 배울 수 없는 경험이었다.

동시에 스마트 스토어도 시작했는데 스마트 스토어는 공장에서 물건을 사입해와서 판매를 했다. 아마존은 고객 응대와 배송을 아마존 내에서 해주지만 스마트 스토어는 일일이 포장해서 택배를 보내는 것까지 나의 몫이었기 때문에 다른 일들과 병행이 어려웠다. 그래서 사입했던 물건 200개를 다 판매하고 나서는 스마트 스토어는 마무리했다. 상위 노출도 잘되고 판매도 잘됐지만 하루 종일 택배 포장만 하고 있다 보니 하면서 '내가 뭘 하고 있지?'라는 생각도 들었다.

유통 사업을 2년 하면서 나는 한 가지 깨달은 것이 있다. 좋은 물건을 만들고 판매하면서 사람들에게 만족을 주는 것도 좋은 일이지만, 나는 사람들과 화합하고 그들을 양성하는 일을 더 하고 싶다는 생각이었다. 하지만, 만약에 내가 유통 사업을 시도해보지 않았더라면 내가 이런 사업으로는 큰 의미를 느끼지 못하는 사람인지 깨닫지 못했을 것이다. 역시 한번 해보고 싶은 것이 있다면 시도해보는 것이 답이라는 생각이 든다. 실제로 해봐야 이 일이 내게 맞는지 맞지 않는지 알 수 있기 때문이다.

자금이 문제라면 모으면 된다. 나는 아르바이트와 영어 과외를 병행하면서 사업 자금을 모았다. 그리고 작게 시작하면 된다. 나도 스마트 스토어는 작게 시작해서 상품, 택배 봉투, 포장재, 맞춤 스티커, 개별 포장지를 포함해서 50만 원이 안 들었다. 처음 하는 시도로 큰돈을 벌기는 어렵겠지만 점차적으로 키워나가면 된다. 시도해보고 싶은 것이 있다면 작게라도 시작해보자.

온라인 유통 사업에 관심이 있는 독자분들을 위해 도전3을 마무리하면서 내가 배운 것을 아래에 정리해보았다.

〈온라인 유통 사업을 하면서 깨달았던 것들〉

1.내가 팔고 싶은 상품이 아닌, 고객들이 원하는 것을 팔아야 한다.
2. 오프라인 매장도 깔끔하고 보기 좋은 곳을 들어가는 것처럼 온라인도 마찬가지다. 상품 상세 설명에 업로드 되는 사진은 정말 중요하다.
3. 아무리 큰 시장, 레드오션으로 보이는 곳도 틈새가 있다.

4. 변수는 상상한 것 그 이상으로 일어난다. 예를 들어, 운송되면서 물건이 파손되는 불상사가 일어날 수도 있고, 운송 시기가 예상했던 것과 다르게 훨씬 늦춰질 수도 있다. 재고 관리는 미리미리 해둬야 한다. 애써 상위 노출을 달성했는데 재고가 부족하게 되면 처음부터 다시 시작해야 할 수도 있다.

5. 웬만하면 세금 신고는 세무사님께 맡기자. 하지만, 부가세 신고가 뭔지, 종합소득세 신고는 또 무엇인지, 세금 신고는 언제 진행되는지, 홈택스로 간단한 업무를 보는 것 정도는 공부해두자.

6. 보기 좋은 떡이 먹기도 좋다. 내가 받았을 때 기분이 좋았던 포장을 생각해보자.

7. 내가 하려는 비슷한 물건을 이미 팔고 있는 셀러들의 상품에 달린 리뷰를 분석하고 개선시키는 것은 필수다.

8. 리뷰 요청에는 감사 카드가 필수다.

9. 인스펙션(검사)은 필수다. 3번 꼼꼼히 봐야 할 것을 10번은 봐야 한다.

10. 아마존 사업을 시작한다면 서주영 대표님의 『꼼꼼한 아마존 셀러 가이드북』, 유튜버 〈보표의 아마존 FBA 생존기〉 영상은 다 보면 좋다.

11. 시장은 계속 변화한다. 고객들이 내 상품에 남겨준 리뷰를 참고하여 상품을 계속 개선해야 한다.

12. 디자이너 프리랜서랑 협업한다면 fiverr 앱을 추천한다.

아마존 사업할 때 직접 디자인한 상품 사진

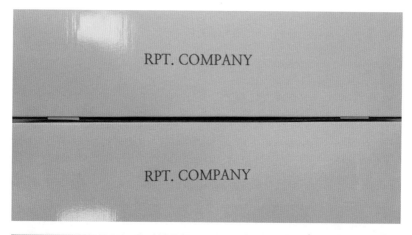

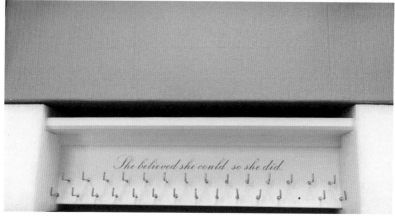

함께 성장하며 시너지 내기
– 독서 모임과 온라인 소셜 모임

여러분이 할 수 있는 가장 큰 모험은
바로 여러분이 꿈꿔오던 삶을 사는 것입니다.

– 오프라 윈프리 –

독서 모임

본격적으로 독서를 시작하면서 들었던 생각은 독서는 혼자 해도 좋지만 독서 모임을 통해 함께 독서를 하면 서로 자극도 되고 도움이 될 것이라는 생각이었다. 그래서 현재 진행 중인 독서 모임을 검색한 다음, 그 모임은 어떻게 운영되고 있는지를 확인했다. 나는 단순히 책에 대해 토론하고 이야기하는 일반 독서 모임과는 다른 방식으로 책을 읽고 실제 삶에 적용해, 변화와 성장이 있는 독서 모임을 하길 원했기 때문에 실천하는 독서 모임을 진행하기로 했다.

다음 단계는 함께할 사람을 모집해야 했다. 내 모임에 참여할 만한 사람들이 모인 공간은 어디일까를 생각해보니 북카페와 독서 관련 네이버 카페가 있었다. 보통 작가님의 팬 카페에는 책에 관심이 많은 사람들이 모일 거라는 생각에 그러한 카페에 대구에서 독서 모임을 진행한다고 모집하는 글을 올리고 내 블로그에도 모집 글을 올렸다. 그 모집 글을 보고 3명이 신청해주셨고 그 외에 내 유튜브를 보고 서울에서 오시기도 하셨다. 너무 신기하고 감사했다. 하지만 처음 보는 사람들과 함께 모임을 진행해가야 한다는 것이 너무 떨렸다.

독서 모임은 책을 읽고 감명 깊게 읽은 문장을 내 삶 속에서 실제로 적용해보고 그 행동의 결과를 함께 나누는 식으로 진행했다. 모임에서 함께 버킷리스트도 작성했다. 『보물 지도』의 저자 모치즈키 도시타카 씨는 30년 동안 10억을 투자하여 세계적인 부자들과 성공한 사람들을 연구했고, 그 결과 일반인도 쉽게 목표를 이룰 수 있는 꿈의 설계도를 만들어낸다. 우리는 모임에서 『보물 지도』를 함께 읽고 10, 20년 후에 각자 어떤 모습이 되어 있으면 좋을지 생각해봤다. 그리고 그 사진을 프린트 해온 후 보드에 붙여보며 드림 보드도 함께 만들었다. 같이 드림 보드도 만들어보니 막연해보였던 꿈을 확실히 눈에 보이게끔 시각화할 수 있었고 이 꿈을 이루기 위해 난 지금 무엇을 해야 하는지 계획도 세워볼 수 있었다.

그 이후에는 코로나 19가 터져서 오프라인 모임이 불가능하게 됐다. 근데 인스타그램과 블로그에 책의 요약 내용과 느낀 점, 책을 읽으며 좋은 구절을 계속 공유해왔기 때문에 책을 좋아하는 사람들, 자기계발에 관심 있는 사람들이 커뮤니티에 점점 모이기 시작했다. 오프라인 모임은 어렵더라도 zoom으로 온라인 모임은 할 수 있겠다 싶어서 인스타그램과 블로그에서 사람들을 모집해서 크리스천 자기계발 TIP 독서 모임을 진행하게 되었다. 참여해주신 분들은 함께 모임을 하면서 살아갈 힘을 얻게 되었고 삶이 회복되면서 좋은 습관을 가지게 되었다며 감사 인사를 했다. 준비하는 데 시간이 꽤 많이 들었지만 뿌듯했고 그 과정이 내게 더욱 감사로 다가왔다. 이런 시도와 도전을 통해서 오히려 내가 배운 것이 훨씬 더 많다. 용기 내는 법을 배울 수 있었기 때문이다. 나는 원래 낯을 많이 가리고 부끄러움이 많은 사람이었는데 계속 새로운 사람을 대해야 하는 상황에 나를 의도적으로 노출시키면서 당당하고 낯을 거의 가리지 않는 성격으로 변화되었다. 나를 보는 사람마다 발걸음이 굉장히 당당하고 자신감 있어 보인다는 말을 많이 한다. 내면의 변화가 자연스럽게 외면으로 뿜어져 나온다는 것이 신기했다.

나에게 연락이 오는 분들 중에 자신도 독서 모임을 열어보고 싶은데 어떻게 하면 되는지 여쭤보는 분들이 계신다. 처음에는 자신이 관심이 있는 주제의 모임에 먼저 참여해보는 것을 추천한다. 같은 주제로 성장하기를 원하는 사람들이 함께 모여 있는 것이기 때문에 함께 시너지를 내며 성장할 수 있다. 다음은 본인이 관심이 있는 주제로 모임을 만들고 리더가 되어서 모임을 진행해보는 것인데 일단 어떤 주제로 모임을 운영할지 정하는 것이 우선이다. 재테크를 주제로 할 것인지, 독서 모임을 운영할 건지 글쓰기 모임을 운영해볼 것인지 주제를 정하는 것이다.

다음은 자신이 운영하는 SNS 채널에서(블로그 or 인스타그램 or 유튜브 등) 본인이 운영하려고 하는 모임의 주제에 관련된 내용을 계속 업로드해서 내 주제에 관심이 있는 사람들을 모으는 것이다. 혹은 내가 영어 과외 모집 글을 맘 카페에 올렸던 것처럼 내가 운영하려고 하는 모임에 관심이 있을 것 같은 사람들이 모인 곳이 어딜지 생각해보고 그곳에서 모집을 하는 것도 방법이다. 그렇게 사람들을 모집했다면 다음은 모임을 준비할 차례다.

준비가 막막하다면 기존에 내가 하려고 하는 모임을 이미 운영하고 있는 사례를 찾아보고 벤치마킹하는 것이 도움이 된다. 나도 독서 모임 리더를 하면서 새로운 사람들을 대상으로 모임을 이끌어가고 진행하는 방법, 모임 구성 방식, 사람을 상대하는 방법, 통찰력, 순발력, 책임감과 같은 것들을 배울 수 있었고 이러한 새로운 경험을 통해서 더 빠르게 성장할 수 있었다. 하지만 사람들은 대체적으로 구성원으로 참여하기를 원하지, 모임을 주도해서 진행하고 싶어 하지 않는다. 모임에 구성원으로서 참여하는 것도 물론 좋지만, 관심 분야의 모임을 만들고 직접 리더가 되어 모임을 꾸려갈 때 구성원으로서 참여만 했을 때보다 훨씬 더 많은 유익과 성장이 있었다.

TIP 독서 모임

어느 날 나에게 한 멘토님이 본인의 플랫폼에서 온라인 소셜 모임을 진행해보면 어떻겠냐고 제안을 주셔서 해보겠다고 했다. 나는 노베이스에서 경험을 통해 내 콘텐츠를 만들어온 경험이 있기 때문에 다른 이들의 경험으로 콘텐츠를 만드는 것을 도울 수 있었다. 그리고 작가와 강연가로서 꿈을 갖고 있었기 때문에 1인 기업가로서 창업과 퍼스널 브랜딩 공부를 계속 해오고 있었다.

그와 더불어 사람들을 모집하고 모임도 운영해오고 하면서 생긴 노하우를 필요로 하는 사람들에게 알려줄 수 있었기 때문에 1인 창업을 하려고 하는 사람들을 대상으로 내 매력으로 창업하기 소셜 모임을 진행해보기로 했다. 8주 동안 1인 창업에 대한 책을 매주 1권씩 읽고 코칭을 해드리고 내가 각자의 상황에 따라 개인적으로 미션을 드리면 그 미션을 수행해오는 식으로 진행을 했다. 근데 정말 신기했던 것은 이전에 내가 수없이 했던 고민을 그분들도 그대로 고민하고 있다는 것이었다.

예를 들면, '1인 기업가(작가, 강사)가 되고 싶은데 나만의 주제와 콘텐츠는 어떻게 찾을 수 있을까?', '어떻게 사업화를 해서 수익을 낼 수 있는가?'와 같은 내용이었다. 그래서 내가 고민을 해결해오면서 터득한 노하우와 경험으로 그분들의 고민을 해결할 수 있도록 도와드릴 수 있었다.

내가 1인 창업을 하기 위해서 책을 읽고 고군분투해왔던 시간들을 말씀드리니 내가 먼저 고민해보고 해결해 온 과정이 있었기 때문에 더 신뢰가 가고 공감이 간다고 말씀해 주셨다. 그때 나는 '내가 그러한 고민을 해왔던 시간들이 헛된 것이 아니었구나.'라는 생각에 뿌듯하고 기뻤다.

한 분은 본인의 콘셉트가 두루뭉술했었는데 내 매력으로 창업하기 8주 과정을 통해 본인의 강점을 발견하고 자신만의 핵심 키워드인 '관리하다'가 생겼다며 이를 통해 유명 플랫폼에서 자기계발과 습관에 관련된 강의를 하게 되어서 감사하다고 하셨다. 나는 이 프로그램을 진행하면서 관련 지식을 더 효과적으로 공부할 수 있었다.

최근 들었던 이한별 대표님의 '라이프해킹스쿨 2022 부의 트렌드' 강의에서 유독 기억에 남는 말씀이 있다. 대표님은 학습과 공부를 해야 하는 상황이라면 그 분야를 잘 알지 못해도 무조건 강의를 할 수 있는 자리를 만드신다고 했다.

강의를 하기 위해 공부를 하게 되면 빠른 시간 안에 밀도 있는 지식을 쌓을 수 있게 된다고 했다. 또 그렇게 강의를 하면서 사람들에게 알려주는 것을 10번만 하면 된다는 것이다. 이런 것이 Out put을 위한 In put을 뜻한다.

이 강의를 들으면서 성공하는 사람들은 될 수밖에 없게끔 만들어내고 누구보다 빨리 행동으로 옮긴다는 것을 깨달았다. '나는 전문 분야도 없고 해서 아직 뭔가 시작하기 어려울 것 같은데…'라고 생각하시는 분이 계시다면 앞으로 하면서 배워간다는 마음으로 할 수 있는 것부터 일단 '시작해보기!'를 권해드린다.

내 매력으로 창업하기 소셜 모임

수강생 분의 1주차 후기

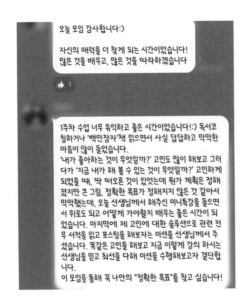

남을 도우면서 나만의 길을 찾기
- 1:1 코칭

눈물을 모르는 눈으로는 진리를 보지 못하며
아픔을 겪어보지 않은 마음으로는 사람을 모른다.

- 쇼펜하우어 -

하루는 내가 배우고 싶은 한 멘토님이 1시간 코칭을 해주신다고 하셔서 대구에서 서울로 기차를 타고 올라간 적이 있었다. 멘토님은 내가 경험했던 것을 마인드맵으로 쭉 적어보시며 이 경험들을 바탕으로 사람들을 모집해서 1:1로 무료 코칭을 해보라고 조언해주셨다.

그렇게 사람들이 내게 어떠한 문제를 가지고 도움을 요청하는지 파악한 다음 나만의 해결 프로그램(코칭, 서비스 등)을 만들라고 하셨다. 그 조언을 듣고 나는 내가 어떤 것을 사람들에게 제공해야 할지 확실히 알지 못했지만 진정한 나를 찾아가는 여정을 통해 내가 좋아하고 잘하는 것들을 알게 된 과정과 이때까지 읽었던 독서, 롤 모델을 찾아가며 만났던 경험들을 바탕으로 온전한 내가 되기 1:1 무료 코칭을 진행해보기로 했다. 열다섯 분 정도 신청을 해주셨고 그 중에서 다섯 분만 진행해보기로 했다.

그렇게 코칭을 진행하면서 진정한 자신이 되도록 도와드렸다. 코칭을 직접 하면서 코칭은 가르치는 것이 아닌, 본인 안에 이미 있는 답을 질문을 통해 이끌어내도록 도와주는 것이 코칭의 묘미임을 알게 되었다. 그 이후에도 아마존 창업을 하면서 배웠던 것들을 토대로 사업을 준비하는 경영학과 학생을 멘토링해주었고 공황장애, 무기력으로 삶이 무너져 있는 분을 코칭하기도 했다. 나와의 코칭을 통해 삶이 회복되었고, 비전을 향해 지금부터 무엇을 차근차근 준비해나가야 할지 알게 되었고 코칭을 통해 자신이 소중하고 귀한 사람인 것을 알게 되었다고 하시며 감사를 여러 번 표현해주셨다. 너무나 감사했다.

나의 아픔을 통해 다른 누군가를 조금 더 이해할 수 있고 그들의 마음에 위로를 전할 수 있게 한다는 것이 감사했다. 왜냐하면 내 아픔이 결코 헛된 시간이 아니었음을 보여주는 것 같았기 때문이다. 그래서 나는 그들의 가치를 알아보고 그 가치대로 살 수 있도록 돕는 것이 내 마음에 깊은 기쁨으로 다가왔다.

"개인의 소명은 자기 안의 강한 기쁨과 세상의 강한 갈망이 만나는 지점에 있다."

신학자 프레드릭 버큐너의 말처럼 주변을 돌아보니 많은 청년들이 내가 느꼈던 그 깊은 갈증을 느끼고 있었다. 나는 내가 진정으로 원하는 것이 무엇인지, 내가 이 땅을 살아가는 목적이 무엇인지, 내가 해야 할 일은 무엇인지 찾을 수 있기를 간절하게 바랐다. 그런데 우연한 기회로 하게 된 코칭을 통해 많은 사람들 또한 자신의 목적이 무엇인지, 자신이 해야 할 일은 무엇인지 간절히 알기를 원한다는 것을 알게 되었다. 그때 나는 깨달았다. '아, 나는 내가 치열히 고민했던 것처럼 내 인생의 목적은 무엇일까? 고민하고 있는 이들을 위해서 이 땅에 있는 것이구나. 이들이 자신들의 고유함을 회복하고 자신들의 가치를 알 수 있도록, 그래서 그 가치대로 살아갈 수 있도록 도와야겠다.'

이것이 내가 지금 책을 쓰고 있는 이유이자 이 메시지를 다양한 도구로 전하고 있는 이유이다. 어떤 이들 중에는 노숙자분들을 보고 특별히 마음 아파하는 사람이 있는가 하면 버려진 강아지나 고양이를 보고 마음 아파하는 사람이 있다. 당신은 어떤 영역을 볼 때 특별히 안타까움을 느끼는가? 혹은 어떤 것을 할 때 깊은 기쁨을 느끼는가? 세상에 어떤 이들의 깊은 갈망과 필요를 채워주고 싶은가? 특별히 이 질문들은 나의 방향을 찾아가는 데 많은 도움이 되었던 질문이다.

온전한 나 찾기 1:1 코칭

온전한 나 찾기 코칭 후기

저는 열정을 잃고 방황을 하고 있었습니다. 어디서부터 길을 잃었는지, 무엇부터 해야하는지 모르는 상태로 하루하루를 힘겹게 보내고 있던 찰나에 우연히 '라이프디자이너' 다니님의 인스타그램을 접하게 되었습니다. 때마침 시험기간이고 공부도 힘들어서 쉴겸 글들을 하나씩 읽어가다가 저도 모르게 눈물을 흘렸습니다. 그 글들에서 저는 하루하루 최선을 다하려고 애쓰고, 자신을 비전을 가지고 기쁘게 열정적으로 나아가는 다니님의 모습을 보게 되었습니다. 그 모습을 보며 '나도 그랬었는데..', '나도 다시 그렇기 살고 싶은데..' 라는 마음이 들면서 눈물이 났습니다. 저도 다니님처럼 다시 살아가고 싶고, 다니님이라면 제가 무엇을 해야할지 알려줄것이라는 기대감에 TIP독서모임을 신청했고 1:1 코칭을 받게 되었습니다.

코칭은 다니님이 열심히 준비해서 와주신게 느껴졌습니다. 그 속에서 저는 다니님이 정말 많은 경험을 했고, 그것을 통해 남들보다 얻은것이 많으시다는걸 알게 되어서 더욱 기대감이 커졌습니다.

코칭을 진행하는데 있어서 다니님은 준비한 것이 우선이 아닌 대상자인 저에게 초점을 맞춰주셨습니다. 거기서 진심으로 저를 도와주길 원한다는 마음이 느껴졌고 저도 마음이 열려 이야기 할 수 있게 되었습니다.

저의 이야기를 공감하며 들어준 다니님은 그속에서 저에게 필요한 이야기를 해주셨습니다. 문제점을 집어주는 것이 아닌 스스로 찾도록 도와주시고, 그 문제에 대하여 필요한 점도 정답을 알려주는 것이 아닌 함께 이야기하며 같이 찾아 가주었습니다.

코칭을 진행하는데 있어서 다니님은 준비한 것이 우선이 아닌 대상자인 저에게 초점을 맞춰주셨습니다. 거기서 진심으로 저를 도와주길 원한다는 마음이 느껴졌고 저도 마음이 열려 이야기 할 수 있게 되었습니다.

저의 이야기를 공감하며 들어준 다니님은 그속에서 저에게 필요한 이야기를 해주셨습니다. 문제점을 집어주는 것이 아닌 스스로 찾도록 도와주시고, 그 문제에 대하여 필요한 점도 정답을 알려주는 것이 아닌 함께 이야기하며 같이 찾아 가주었습니다.

짧은 시간이었지만 같이 찾아가는 과정에서 잊고 있었던 저의 모습과 열정을 찾게 되었습니다. 오랜시간 방황하고 있었던 것이 무색할 정도로 많은 것이 해결되었고 당장 무엇을 해야할지도 알게 되었습니다. 그리고 다니님은 코칭해준 내용을 마지막에 스스로 정리할 수 있게 도와줘서 절대 잊지 않고 체화되도록 도와줬습니다.

문제 해결을 넘어서 1:1 코칭의 가장 큰 메리트는 나 스스로가 얼마나 소중한 사람인지, 세상에 필요한 사람인지를 깨닫게 해주는 거라고 느꼈습니다. 이것은 흔한 감정적인 격려나 위로가 아닌, 나의 이야기 속에서 그 근거를 가지고 알게 해줍니다. 각자 속에 숨겨졌고, 잊고 있던 소중한 진짜 나 자신을 찾게 해줍니다. 진정으로 소중한 나 자신을 찾고 싶은 분들에게 저는 이 코칭을 꼭! 추천합니다!
제가 소중한 사람임을 다시 일깨워준 다니님께 감사드립니다!

...

드디어,
결단의 시기가 왔다

시도하기 전엔
내가 무엇을 이룰 수 있을지 모른다.

– 정호승, 『내 인생에 용기가 되어준 한마디』 –

여러 도전을 하고, 다양한 분야의 책 400권 정도를 읽고 나니 휴학을 한 지 2년이 다 되어갔다. 나는 학교 홈페이지에 올라와 있는 복학계와 자퇴서를 번갈아 보면서 생각에 잠겨 있었다.

내가 다니던 대학교는 휴학을 2년만 허용했기 때문에 다시 간호학과로 복학을 해야 할지 학교를 그만둘지 이제는 결정해야 하는 시기가 온 것이었다. 대학 학위, 안정된 직업과 내가 진짜 하고 싶은 일 사이에서 선택을 해야만 했다.

사실 휴학을 하는 2년 동안 정말 매일매일을 고민했다. 솔직한 심정으로는 이 결단의 시기가 가까워져 오면 올수록 피가 마르는 것 같았다. '아무리 그래도 대학을 그만두는 것이 과연 맞을까?' 하는 생각 때문에 마음이 점점 조여왔다. '대학 학위와 안정적인 직업'과 같은 안전장치가 없어진다는 생각 때문이었다.

적어도 휴학 중에는 이 길이 아니라는 생각이 들면, 돌아갈 곳이라도 있었지만 학교를 그만두고 나면 이제 정말 돌아갈 곳도 없어지는 것이 가장 두려웠다. 교수님께는 뭐라고 말씀드려야 할지도 막막했고 그저 이 상황을 온전히 직면해야 한다는 사실도 싫었다. 하지만 온전한 나 찾기 여정에서 사업, 독서 모임, 영어 과외, 소셜 모임, 강의 등을 시도하면서 내게 맞는 일은 무엇인지 알아가게 되었다. 나는 메신저로서 사람들의 고유함을 발견하도록 도와주고 자신의 소명을 따라 살아갈 수 있도록 돕는 삶을 살고 싶었다.

여러 가지를 시도하고 도전하는 과정 속에서 발견한 나의 본연의 모습, 고유한 특징, 강점들을 봤을 때 내가 앞으로 해야 할 일은 간호사가 아니라는 것은 확신할 수 있었다. 이런저런 복잡한 마음이 들기는 했지만 이제는 정말, 매듭을 지어야 했다. 그래서 나는 부모님께 먼저 말씀드렸다.

"엄마 아빠도 아시다시피 제가 이제껏 2년 휴학 기간 동안 독립해서 여러 가지로 시도하고 도전하면서 간호사의 길은 제 길이 아니라는 것을 확실히 알게 되었어요. 앞으로는 메신저로서 강연하고 책도 쓰면서 사람들이 자신의 목적을 찾을 수 있도록 도와주는 인생을 살고 싶어요. 그래서 간호학과 복학을 하지 않겠습니다. 이제껏 해왔던 것처럼 앞으로 제 인생의 또 다른 챕터도 최선을 다해 꾸려가 보고 싶어요."

새로운 도전에 대한 두렵고 떨리는 마음을 뒤로하고 용기를 내어 말씀드린 나의 결단을 들으시고, 부모님은 나에게 이렇게 답하셨다.

"그래, 다은아. 지난 2년 동안 네가 앞으로 해야 할 일을 찾기 위해서, 그리고 주어진 삶을 잘 살아내기 위해서 한창 놀고싶어할 나이에 친구도 만나지 않고 밤낮으로 네가 얼마나 치열하게 노력해왔는지 잘 알아. 너의 결단을 전적으로 지지한다. 앞으로도 충분히 잘 해낼 거라고 믿어."

그렇게 나는 자퇴서를 들고 기차를 탔다. 학교로 가는 길에 휴학 기간 동안의 기억들이 주마등처럼 내 머릿속을 스치고 지나갔다. 이전에는 이 말이 무슨 뜻인지 잘 몰랐었는데, 외로움과 막막함에 흘렸던 눈물방울들, 아프게 다가왔던 주변의 시선, 트라우마가 되어버린 학교 선생님의 말씀을 극복하기 위해서 시도했던 많은 것들, 어떻게든 이 땅에서 내가 해야 할 일을 찾아보기 위해서 고군분투하고 애써왔던 기억들이 영화의 필름처럼 지나갔다. 그리고 나는 고백했다.

"이 시간들 덕분에 내가 참 많이 단단해졌구나…. 혼자 온 줄 알았더니 그게 아니었네. 부모님의 도움, 롤 모델의 도움, 책의 도움, 교육의 도움, 내게 주어진 기회들은 물론이고, 모든 부분에서 다 도움의 손길로 이뤄진 것이었구나."

그 여정을 돌아보니 많은 도움의 손길들이 내게 필요한 시기와 때에 맞게 더해졌다는 것을 깨닫게 되었다.

나는 사실 '고등학교 자퇴, 대학교 자퇴' 이 타이틀이 내 인생을 정의하게 될까 봐 두렵고 무서웠다. 하지만 그런 두려움에도 마음에 용기가 생겼다. 이 용기는 내가 용기를 내보기로 마음을 먹어서 생긴 용기가 아니었다. 그보다 훨씬 더 강력한 용기였다. 무언가 마음속 깊게 나를 이끄는 더 강력한 힘이, 내가 용기를 낼 수 있게 해주었다.

이제껏 많은 도움 덕분에 이 여정을 걸어올 수 있었던 것처럼 받은 도움을 이제는 나도 누군가에게 더욱 잘 흘려보내야겠다고 다짐했다.

대학 자퇴 하루 전날 적은 일기

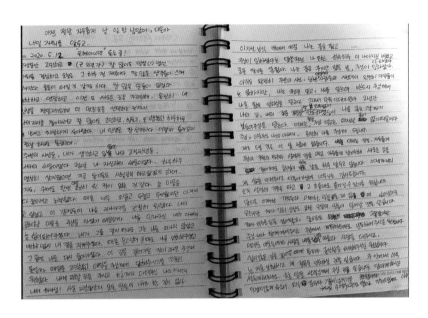

일단 무엇이든 해봐라

나의 내면의 소리를 깊이 들여다보는 것도 물론 좋지만 일단 무엇이든 시도하고 도전해봐야 내가 즐겁게 잘 해낼 수 있는 일인지 아닌지를 알 수 있다. 옷을 많이 사 입어봐야 내게 잘 어울리는 옷은 무엇인지 알 수 있다시피 말이다.

로먼 크르즈나릭은 자신의 저서 『인생학교 : 일』에서 이야기한다.

"꿈을 찾고 싶다면, 일단 무엇이든 해봐라. 당신이 깊게 몰입할 수 있는 무언가를 찾을 때까지. 청춘은 자기 자신을 판단하는 시기가 아니라 끊임없이 실험하는 시기다."

나는 무엇을 시도해볼 수 있을까?

MEMO

우리는 그냥 태어난 존재가 아니다.

한 사람 한 사람 반드시

존재 목적과 그 이유가 있다.

PART 5

Remember who you are

온전한
나 찾기 여정,
저랑 함께
하실래요?

...

나답게
살아간다는 것

삶은 제한적이다. 다른 누군가의 삶을 사느라 인생을 낭비하지 마라.
다른 사람의 생각에 얽매이지 마라. 가장 중요한 것은 마음과 직감을 따르는 용기를 가지는 것이다.
내가 무엇을 원하는지 마음과 직감은 이미 알고 있다.

- 스티브 잡스 -

나답게 사는 삶이란 어떤 삶일까? 아무리 세상에서 내가 아닌 다른 것
이 되라고 이야기해도, 내가 누구인지, 내가 무엇을 해야 하는지, 어떻게
살아야 하는지 끊임없이 나 자신에게 물으며 삶을 살아가는 것이 나답게
사는 삶이 아닐까?

취업과 같은 현실적인 이유로 복학을 하려고 할 때, 나의 내면에서는
'그건 정말 아니야!'라고 수없이 외쳤다.

'너는 특별한 목적 없이 살아가는 인생이고, 거대한 조직의 일개 부품

일 뿐이야. 그러니 그냥 적당히 네가 먹고살 수 있을 만큼 밥벌이하면서 흘러가는 대로 대충 살다가 가면 돼.'

이런 생각이 들 때마다 계속해서 외쳤다.

'아니야, 다은아, 너는 너만의 고유한 존재 목적이 있고, 네 인생의 목적은 밥벌이만 하며 의미 없이 반복적인 삶을 사는 것이 아니야. 네가 지금 그곳에 있는 이유, 너에게 그러한 강점이 주어진 이유가 분명히 있어. 네가 이 땅에서 존재해야만 하는 이유와 네가 해야 할 일이 있기 때문일 거야. 다시 한번 생각해봐.'

나는 내 마음의 소리에 반응했다. 하늘에서 내리는 눈송이도 겉모습은 다 다르게 생겼지만 눈의 결정을 자세히 들여다보면 육각형으로 디자인되어 있는데, 하물며 만물의 영장인 인간에게 그러한 법칙이 없을까? 우리가 이 땅에 밥만 먹기 위해서 있는 물질적인 존재일까?

인간의 삶은 유한하다. 누구나 사람이라면 죽음을 피할 길이 없다. 문득, 죽음에서 나의 인생을 바라보다 보니 이런 질문을 하게 되었다. '내가 이 땅에서 돈을 조금 더 벌고, 많은 영향력을 조금 더 가지고, 맛있는 음식을 조금 더 먹기 위해서 존재하는 걸까?' 그런 이유 때문에 열심히 살아야 하는 것이라면 전혀 납득이 되지 않았다.

나 자신을 포함한 모든 사람들은 각자 다른 고유한 특징을 가지고 있다. 각자가 가지고 있는 이 고유한 특징들은 우리의 상상을 뛰어넘을 정도로 다양하다. 우리는 그냥 태어난 존재가 아니다. 한 사람 한 사람 반드시 존재 목적과 그 이유가 있다. 펜도 펜 나름의 목적이 있고, 물컵도 물컵만의 존재 목적이 있는데, 하물며 펜과 컵처럼 생명이 없는 물건보다 훨씬 값지고 귀한 사람이 자신만의 목적이 없다는 것이 말이 될까?

···

남이 아닌
내 장단에 맞추는 삶

작가나 칼럼니스트가 꿈이라면 블로그에 더욱 적극적으로 포스팅을 하고,
프로그래머가 되고 싶다면 깃허브 활동을 본격적으로 시작한다.

– 팀 페리스, 『지금 하지 않으면 언제 하겠는가』 –

"왜 남에게 장단을 맞추려고 하나. 북 치고 장구치고, 지 하고 싶은 대로 치다 보면 그 장단에 맞추고 싶은 사람이 와서 추는 거야."

구독자 134만 명, 유튜버 박막례 할머니가 영상에서 하신 말씀이다. 내가 3년 전에 앞으로 나는 책을 써서 작가가 될 거고, 또 많은 사람들 앞에서 강연을 하는 사람이 되고 싶다고 이야기했을 때 주변의 반응이 기억이 난다. "허황된 소리를 하고 있네." 하는 반응이었다. 안 된다는 부정적인 말을 계속 듣고 있자니 꿈이 짓밟혀 점점 죽어가는 것 같아서 내 솔직

한 마음과 꿈을 이야기하는 것이 쉽지 않았다. 그런데 하루하루 그 꿈을 바라며 살아내고 지금 할 수 있는 것에 집중했더니 꿈을 조금씩 이뤄갈 수 있게 되었다. 나는 남의 장단에 나를 맞추려 하지 않고 일찌감치 내 고유의 장단에 맞추며 살아가고 있는 것이 참 다행이라고 생각한다.

종종 즐겨보는 유튜버 중에 〈요즘 것들의 사생활〉이라는 채널이 있다. 이 채널은 세상이 말하는 정답이 아닌 나다운 정답을 찾아가는 밀레니얼 세대를 만나고 그들의 삶을 인터뷰에 담아 소개하는 채널이다. 이 채널을 통해 알게 된 작가님이 한 분 계신다. 돈 버는 일과 하고 싶은 일 사이에서 청소부로 일하며 그림을 그리는 삶을 택한 일러스트레이터이자 『저 청소일 하는데요?』 저자이신 김예지 작가님이다. 책에서 작가님은 미대를 나와서 생계와 꿈을 사이에 두고 고민하다가 직업으로 꿈을 이룰 수 없다는 생각으로 청소부를 선택했다고 한다. 주변의 편견과 스스로에게 있었던 편견과 싸우며 나아가다 보니 보편적이지 않은 직업이 자신에게 보편적이지 않은 삶을 선물해주었고, 조금 다르게 살아가다 보니 생각보다 행복하다고 책을 통해 고백하신다.

작가님의 이야기를 들으며 작가님이 참 대단하시다고 느껴졌다. 보편적이지 않은 길을 걸어가며 주변의 편견 어린 시선과, 또 자신이 스스로에게 가지고 있던 편견과 맞서 싸워오시며 묵묵히 그 시간을 이겨오신 것, 또 그 시간을 극복해내 결국 원하는 길을 가고 계신 것이 그 이유이다. 하지만 쉽지 않은 이 시간을 통해 누구의 말에도 흔들리지 않는 단단함을 얻게 되셨다는 생각이 들었다. 나도 보편적이지 않은 길을 걸어오면서 '나는 돌연변이인가?' 싶기도 했다. 하지만 작가님의 말씀처럼, 남들과 다른 길을 걸어왔던 그 시간들을 통해 나는 삶의 분명한 목적과 의미를 찾게 되었다. 또 그 시간을 통해 축적된 경험과 역량들은 내가 기대를 가지고 다음 단계로 나아가는 과정에서 든든한 발판이 되어주었다.

결국 남의 장단을 맞추려고 애쓰는 것이 아니라 내 장단에 맞춰 살아가는 삶, 나만의 기준이 있는 삶, 그것이 진정으로 멋진 삶이 아닐까?

줌으로 첫 강연 했을 때

그래서, 나는 내가 되기로 했다

···

상처의 크기는
사명의 크기

지금 당하는 외로운 시간들은 그동안 스스로 만들 수 없는 시간이고
지금 당하는 고통스러운 환경들은 그동안 스스로 만들어보지 못한 환경들이다.
그 환경을 새로운 일들로 다시 계획하는 희망의 산실로 바꾸어본다면 일생의 가장 큰 복을 얻는 기회가 될 것이다.

– 이대희, 『1%의 가능성을 성공으로 바꾼 사람들』 –

하루는 할아버지 생신을 맞아 할아버지 댁에 갔다. 늘 내가 가면 반갑게 반겨주셨기 때문에 집에 들어서자마자 "할아버지, 안녕하세요~" 인사를 드렸다. 하지만 할아버지는 내 인사를 못 보신 듯 받아주지 않으셨다. 무안했다. '인사하는 걸 못 보셨나?'라는 생각도 했지만 웃으면서 크게 인사를 드렸기 때문에 그건 아닌 것 같았다. 어린 조카가 인사하니 "아이고, 우리 예찬이 왔나~"라고 인사해주셨다. 작은엄마, 가족들이 다 보고 있는 상황에서도 내 인사를 무시하셨다. 씁쓸하고 속상한 마음으로 사랑방에 들어가 혼자 누워 있으니 친할머니가 오셔서 내게 물으셨다.

"다은아, 요즘 뭐 하고 있노?"

나는 대답했다. "이것저것 하면서 열심히 살고 있어요." 할머니께 뭐라고 설명해 드려야 할지를 몰라 무안해하고, 또 허둥대며 증명해내려는 내 모습이 조금은 애석했다. 이런 내 상황을 한 문장으로는 표현해내기가 어려워서 씁쓸했다.

나중에 알고 보니 잘 다니던 간호학과를 계속 다니지 않고 나와서 그러고 있으니 서운한 마음에 인사를 무시한 거라고 하셨다. 그 말을 들었을 때 애써 아닌 척 숨겨놓은 마음이 와르르 하고 무너져서 눈물이 났다. 잘하고 있는 거라고 스스로를 다독이며 나아가던 시간들, 때로는 흐르는 눈물을 삼켜왔던 모든 시간들에 대한 보상이 다른 사람도 아니고 가족으로부터의 무시인 건가 싶어서 속상한 마음에 흘렸던 슬픈 눈물이었는지, 그런 내가 조금은 안쓰러워 흘렸던 눈물이었는지는 잘 모르겠다. '정말 내 길이 아니었어도, 그냥 참고 학교를 다녔어야 하는 건가' 하는 생각도 들었다. 그리고 조금은 비참한 마음이 들었다. 엄마 친구 아들이 좋은 대학에 잘 다니고 있다고 하면 왠지 모르게 내가 한없이 작아 보였다. 내가 할아버지댁에서 마음에 상처를 입었듯 사람은 이렇게 원하지 않는 상처를 받을 때가 있다. 뜻하지 않았지만 누군가 무심코 던진 말이 마음 깊이 상처를 내기도 한다. 그리고 특히 이런 말들은 꽤 오랜 시간 아물지 않기도 한다.

그래서, 나는 내가 되기로 했다

'왜 나에게 이런 일이 일어났을까?' 하는 생각에 원망과 아픈 마음이 동시에 나를 힘들게 할 때 이지선 교수님의 『지선아, 사랑해』를 읽고 깊은 위로와 감동을 받았다. 교수님은 스물세 살에 학교 도서관에서 공부를 마치고 오빠의 차로 귀가하던 중에 음주 운전자가 낸 7중 추돌사고로 전신 55퍼센트에 3도의 중화상을 입는다. 7개월간의 입원, 30번이 넘는 고통스러운 수술과 재활치료를 이겨낸 교수님은 이전과는 전혀 다른 얼굴을 가지게 되셨지만 아프셨던 만큼 많은 이들에게 위로의 메시지를 전하고 계신다.

극한의 상황 속에서도 감사함으로 굳건히 살아내시고, 사랑의 흔적들로 다른 이들까지 살리는 인생을 살고 계시는 교수님의 모습을 보고 눈물이 핑 돌았다. 교수님의 상처의 크기가 너무나도 크고 깊었던 만큼 더 많은 이들을 살리고 계시는 것이 귀감이 되고 정말 멋졌다. 그래서 참 감사했다. 충분히 아파보니 내 아픔에서 눈을 들어 나의 아픔 너머, 다른 이들의 아픔을 볼 수 있게 되었기 때문이다. 내게 그러한 아픔이 하나도 없었더라면 다른 이들의 아픈 마음을 깊이 공감하지 못했을 것이다.

...

온전한 나 찾기 여정
7 STEP

내게 주어진 것이 아무리 작은 재능일지라도 나에게만 주어진 것이기 때문에
인류 전체를 위한 선물이 될 수 있다는 것을 스스로 믿어라.

– 구본형, 『그대, 스스로를 고용하라』 –

앞서 온전한 내가 된다는 것이 무엇인지 나눠봤는데, 그렇다면 나다운
삶은 어떻게 살 수 있는걸까? "현재는 과거에 했던 선택의 결과다."라는
말이 있다. 결국, 나다운 선택을 하며 살아가게 된다면 나다운 삶을 살
수 있다는 것이다. 나다운 선택을 하려면 먼저 내가 누구인지 알아야 한
다. '바쁘다 바빠! 현대 사회!' 이 문구처럼 우리는 정말 바쁜 사회에서 살
고 있다. 초등학교, 중학교, 대학교 졸업을 한 다음 곧바로 취업을 하고
결혼하고 자녀를 양육하고 은퇴 준비를 하는 시간 속에서 우리는 '온전한
나'에 대해 깊이 생각해볼 수 있는 시간이 별로 없다. 나다운 삶을 살기

위해선 온전한 나를 아는 것이 중요하다. 온전한 나를 안다는 것은 어떤 것일까? '내 인생에서 가장 중요한 핵심 가치는 무엇인지, 나는 어떠한 아픔과 상처를 극복해왔고, 그것은 내 인생에 어떤 영향을 미쳤는지, 나는 어떤 것을 좋아하고 잘하는지, 그 모든 경험과 본인만의 강점을 이용해 세상에 어떤 기여를 하고 싶은지를 생각해보고, 그 생각을 통해 발견한 나만의 고유한 목적대로 살아가는 것'이 내가 생각하는 '온전한 나 찾기'이다. 이 챕터에서는 내가 온전한 나를 찾고 나의 소명과 비전을 갖게 된 여정을 7단계로 정리하여 담아봤다. 온전한 나 찾기 여정 7단계는 이렇게 구성되어 있다.

Step 1. 나와 시간 보내며 친해지기

Step 2. 나에 대한 리스트 작성해보기

Step 3. 내가 좋아하는 일은 뭘까?

Step 4. 나의 핵심 가치 찾기

Step 5. 내가 흥미를 느끼는 역할 유형 찾기

Step 6. 나의 관심사

Step 7. 나의 강점을 찾는 방법

가야 할 길을 알지 못하고 무작정 떠났던 길이라 필연적으로 겪어야만 했던 내 시행착오들을 자신의 고유한 길을 찾고 있는 독자님들께서는 이 책을 통해 시행착오를 최대한 줄일 수 있기를 바라는 마음에 책에 정리해보았다. 우연히 읽게 된 『소명 찾기』에서 내가 4년의 시간 동안 고군분투하며 걸어온 온전한 나 찾기 과정을 표로 정리해둔 듯한 내용들이 담겨 있어서 놀랐던 기억이 있다. 또 불확실했던 영역들이 『소명 찾기』 책을 통해서 많이 명확해졌다. 그래서 Step 3, 4, 5는 출판사 측에 허락을 받고 『소명 찾기』를 참고했다. 이 모든 내용들이 여러분의 온전한 나 찾기 여정에도 도움이 되었으면 좋겠다. 내가 소개하고 있는 방법과 검사들은 어떤 유형의 직업이나 활동이 당신에게 어울리는지 알 수 있도록 기초는 되어주지만 구체적으로 "이런 일을 해야만 합니다!" 확정 짓는 것은 아니다. 그 이유는 세상은 빠르게 변화하고 있으며 다양한 분야에서 새로운 직업들이 많이 생겨나고 있고, 사람이라는 존재 자체가 워낙에 너무나도 복잡하기 때문이다. 하지만 단계별로 차근차근 따라오면서 이 도구를 잘 활용한다면 막막하고 불확실했던 부분들이 선명해지고 나만의 고유한 목적을 알아가는 이 여정에 많은 도움이 될 것이다. 그럼, 본격적으로 온전한 나를 찾는 여정을 시작해보자!

Step 1. 나와 시간 보내며 친해지기

첫 번째 스텝으로는 '매일 일기 쓰기'를 권한다. 많이 들어본 이야기라 생각하실 수 있지만 내가 경험해본 바 나의 내면을 알기 위해서 일기 쓰기는 정말 중요하다. 나도 매일매일 일기를 쓰다 보니 다이어리가 많이 쌓였다. 일기를 쓰면서 '아, 내가 이런 상황에서 이러한 마음이었고 이런 감정을 느꼈구나!' 하며 내 감정과 마주할 수 있도록 도와주었고 그 과정을 통해 나를 조금 더 존중할 수 있게 되었다.

친구에게 속마음을 이야기를 하더라도 집에 와서 다시 생각해보면 '그때 그 이야기를 괜히 했나? 아, 말하지 말 걸.' 하며 찜찜한 마음을 가지게 될 때가 자주 있다. 누군가에게 하기 어려운 마음속 이야기들, 당시에 내가 느꼈던 감정들을 일기에 찬찬히 한번 적어내려 가보는 것을 추천한다.

임명호 단국대 심리학과 교수님은 『스냅타임』에서 "일기가 감정을 정화하는 데 도움이 된다. 일기를 쓰다 보면 내용 표현도 중요하지만 주가되는 것은 나의 솔직한 감정 표현"이라며 "솔직한 내 마음을 돌아보는 과정에서 감정 정화의 효과를 볼 수 있다"고 설명했다.

새해가 되면 내게는 굉장히 설레는 나만의 의식이 있는데, 핫트랙스에 가서 마음에 드는 유선 다이어리를 한 권 고르는 것이다. 다이어리를 고를 때 가격대가 좀 있는 다이어리를 선택한다. 그 이유는 다이어리가 내 마음에 쏙 들고, 예뻐야지만 계속 일기를 적고 싶어지기 때문이다. 저렴한 다이어리보다는 가격대도 좀 있고, 내 마음에 쏙 드는 디자인의 다이어리를 구매하면 일기장 자체를 소중히 여기게 되고 앞으로 내가 써갈 나만의 이야기가 기대되는 작은 행복도 함께 누릴 수 있다. 또 내가 어떤 마음과 감정이었는지 적어볼 때는 꼭 혼자 있는 시간에 적어보기를 권한다. 혼자 있을 때 적으면서 느끼는 평안함과 정리되는 마음이 있다.

그래서 나는 생각이 복잡할 때에 책과 일기장을 들고 혼자 여행을 다녀오기도 한다. 제주도나 부산에 가서 바다를 보고 여행을 하며 떠오르는 생각도 기록하고, 기도문을 적기도 한다. 또 혼자 카페에서 책도 읽고 사색하는 것도 좋아한다. 때로는 산책로를 걸으면서 내 삶을 돌아보며 앞으로 어떻게 살아가고 싶은지 생각해보고 현재를 어떻게 살아내야 하는지 일기장에 적어보기도 한다. 여행까지는 조금 부담스럽게 느껴진다면 혼자 카페에 가거나 조용한 공간에서 좋아하는 음악을 들으며 나의 내면과 더 깊이 친해져보자.

Step 2. 나에 대한 리스트 작성해보기 - 앞으로 어떻게 살고 싶은지 그림을 그려보기

Step 1에서 나의 생각과 감정, 마음을 일기로 적어보며 나의 내면과 좀 더 친해지는 시간을 가져봤다면 다음 단계로 나만의 리스트를 작성해보자. 버킷리스트도 좋고 앞으로 어떻게 살고 싶은지 나만의 그림을 한번 그려보는 것이다. 10년 후 나는 어떤 모습이 되어 있을 것 같은지 한번 떠올려본다. 확실하진 않아도 마음이 가는 대로 한번 적어보면 된다. 또

자유롭게 내 관심 분야는 무엇인지, 좋아하는 브랜드는 어떤 것인지 써 보면서 나만의 취향은 무엇인지 알아가는 것도 도움이 됐다. "나는 어떤 어려움과 상처를 극복해왔는가?"라는 질문에 대한 답을 적어보는 것도 훗날 나의 진로를 정할 때 많은 도움이 되었다.

프랑스 수필가 도미니크 로로는 『고민 대신 리스트』에서 "자기 자신과 일상이 일치하는 사람들은 내적 힘을 갖고 있다. 자신을 잘 알기 위해 그리고 스스로를 보듬기 위해 나에 대한 리스트를 작성해야 한다"고 말한다. 그렇다면 구체적으로 '나에 대한 리스트'를 적을 때 어떤 것을 적어볼수 있을까? 아래는 내가 나에 대한 리스트를 작성해보며 도움이 많이 되었던 질문들이다.

1. 내가 좋아하는 것과 잘하는 것은 무엇인가요?
2. 나는 무엇을 할 때 가장 행복한가요?
3. 나는 누구와 시간을 보낼 때가 가장 행복한가요?
4. '이런 일 만큼은 절대 하고 싶지 않다' 하는 일은 무엇이 있나요?
5. 내가 다른 사람보다 조금 더 잘 알고 있는 것은 무엇인가요?
6. 내 인생에서 가장 가치 있다고 생각하는 것은 무엇인가요?
7. 살아오며 나는 어떤 어려움이 있었고 어떠한 사건이 마음에 상처가 되었나요? 　그 어려움을 어떻게 극복할 수 있었나요?
8. 나는 어떨 때 짜증이 나고 화가 나요?
9. 나를 대표하는 키워드 3가지는 무엇인가요?

이 질문들에 답변을 한번 해보며 나만의 리스트를 완성해보자. 이것 말고도 '나'에 관한 것이라면 뭐든 좋다. 맨 처음에 적었을 때와 조금 다르다고 해도 괜찮다. 수시로 업데이트해가면 되기 때문이다. 한번은, 독서 모임을 운영하며 참가자분들과 자신이 좋아하고 잘하는 것은 무엇인지 함께 나눠보는 시간을 가졌다. 참가자 중 한 분은 이런 생각을 처음 해본다고 하시며 자신이 좋아하고 잘하는 것들을 깊이 있게 생각해본 적이 없어서 잘 모르겠다고 하셨다. '나'에 대한 질문인데도, 답변이 바로 어렵다는 것은 자기 내면을 깊숙이 들여다보며 정리해본 적이 없다는 걸 의미할 것이다. 하지만 적는 것에서 멈추지 않고 적어본 리스트들에 하나씩 도전해본다면 나 자신도 몰랐던 뜻밖의 나를 마주할 수 있게 된다. 나도 관심 있는 영역, 분야를 종이에 모두 다 적고 주기적으로 업데이트를 한다. 적을 때마다 느끼는 거지만 한 번 적어보는 것으로는 어렵다. 내가 정말 하고 싶은 것은 무엇인지, 내 삶 속에서 내가 해야 할 일이 무엇인지 찾기 위해서는 계속 자신이 원하는 부분에 대해서 적어보고 또 실제로 해보면서 지울 목록은 지우고 또 다시 수정하고를 계속 반복하는 것이다. 예를 들어 나는 신앙, 마음, 상담, 화장하고 좋아하는 옷 입고 예쁘게 꾸미기, 따뜻한 차 마시며 글 적기, 때와 상황에 맞는 잔잔한 음악 듣기, 강연하기, 1:1로 깊이 대화 나누기, 내가 그날 먹고 싶은 맛있는 음식 먹기, 코칭하기, 뮤지컬 보기, 진로와 앞으로의 방향성에 고민이 있는 청년들의 강점을 찾아주고 도움 주기, 독서 모임 진행해 보기, 독서, 책

추천하기, 본질적인 것 생각하기, 비즈니스, 마케팅, 서점 가기, 혼자 부산, 제주도 여행 가기, 유럽 여행 가기… 등등 이렇게 좋아하는 것과 잘하는 것을 각각 다 적은 다음 하나하나씩 다 해보기 시작했다. 위에 적은 것들을 하나하나 실제로 해보면서 나 자신에 대해서 알아가고 나 자신과 조금 더 친해지는 시간을 가질 수 있었다.

Step 3. 내가 좋아하는 일은 뭘까?

3단계에서는 내가 즐겨 사용하는 기술을 선택해볼 것이다. 그리고 앞으로 더욱 개발하고 미래에 의미 있게 사용하고 싶은 기술이 무엇인지 확인해보는 시간이 될 것이다. 책『소명 찾기』에서는 이를 전환 가능한 기술이라 설명하고 있다.

표를 사용하는 방법은 전체 목록을 읽은 후에 당신이 '경쟁력을 갖춘(competent)' 기술이라고 생각하는 줄의 C 란에 체크를 하면 된다. (평균 수준의 능력을 가지고 있으면 된다. 그리고 지금 그 기술을 통해 보수를 받고 있는 상황이 아니어도 괜찮다.)

그리고, 자신이 즐기고 있는 기술 옆에 있는 E 란에 체크 표시를 하면 된다. 나도 처음엔 이 기술을 선택할 때 '좋아한다'는 것은 모르겠지만 '괜찮다' 정도만 되어도 표시를 다 했다. '좋아한다'고 확신이 드는 기술이 아래에 없다면 '괜찮다' 정도만 되는 기술에 표시를 해도 괜찮다. 나는 섬김형과 설득형이 주를 이뤘는데, 경쟁력 있는 기술과 즐기는 기술이 두 개다 체크되어 있는 기술을 살펴보니 섬김형에서 조언/상담, 격려와 동기 부여, 멘토링과 코칭, 문제 해결법 제시, 그리고 설득형에서는 가르침/훈련/연설과 영향력/설득 영역이었다. 만약 자신이 어떤 기술을 즐겁게 느끼는지 찾기 어렵다면 직접 경험과 간접 경험을 늘리고 다양한 일에 자신을 좀 더 노출시키면서 다양한 경험을 해보면 된다. 그럼 이제 내가 좋아하는 일은 무엇인지 확인하러 가보자!

C	E		
	1	P 신체형	
		조립/건설	기계 조작 기술이나, 건조술, 목공 기술 등을 사용하여 기계, 가구, 건물 등을 만든다.
		운전/비행	자동차, 트럭, 비행기 등을 운전한다(높은 속력으로, 혹은 비상 상황에서 운전하는 일도 포함한다).
		명령/통제	규칙, 법률, 정책 등을 준수하도록 사람들에게 요청하고 요구하고 강제한다.
		비상 상황 대처	화재, 범죄, 사고 등과 관련한 상황에서 적절한 상황에서 적절한 행동을 취한다.
		설비	편리한 위치에 기계, 장비 등을 설치한다.
		조경	나무, 식물, 잔디 등을 심어 지역 환경을 개조하기 위한 계획을 세운다.
		민첩한 움직임	근육의 공동 작용이나 지구력을 사용하여 몸의 일부분이나 전체를 움직인다.

		장비 작동	손 기술이나 신체적인 움직임을 사용하여 도구, 사무 기기, 혹은 다른 기계들을 작동시킨다.
		순찰	질서와 안전을 유지하기 위해 지역이나 사람들을 감시하고 경계한다.
		숙련된 육체 노동	페인트칠, 청소, 마루 깔기 등과 같은 일을 수행한다.
		수리	기계 장치를 고친다.
		운송	운송 수단이나 육체적인 힘을 이용하여 물건이나 사람을 한 지역에서 다른 지역으로 옮긴다.
		동물과 관련된 일	가축이나 야생 동물을 기르고 돌보고 훈련하고 치료한다.
		식물과 관련된 일	꽃, 나무, 과일과 채소, 잔디, 기타 다른 식물들을 심고 가꾼다.
	2	AN 분석형	
		분석/평가	비평, 평가, 시험, 연구, 판단한다.
		범주화/분류	분류, 배열, 정리하고, 개념이나 물건을 분류하여 범주를 만든다.
		품질 검사	구체적인 기준에 맞추어 사물이나 장소를 검열한다.
		테스트 실시	장비, 기계, 음식, 프로그램, 사람 등의 수준이나 양과 질을 점검하고 측정한다.
		견적 산출	어떤 프로젝트에 요구되는 재료의 양, 어떤 물건의 가치나 일의 비용을 결정한다.
		문제 해결/고충 처리	난관을 해결하기 위한 해결책을 산출하고 이행한다.
		연구 조사/자료 수집	조사, 관찰, 실험, 인터뷰 혹은 문서화된 자료들을 통해 체계적으로 연구한다.
		수학 공식 활용	데이터를 계산하기 위해서 통계나 수학 공식을 사용한다.
		컴퓨터 프로그램 작성	특별한 정보를 저장하고 검색하기 위한 컴퓨터 프로그램을 개발한다. 컴퓨터 언어를 다룬다.

3	CR 창조형		
	작곡	음악을 창작하거나 기존 작품의 변주곡을 쓴다.	
	요리/음식 준비	영양과 시각적인 면을 고려하여 식사를 준비하거나, 음식을 조리한다.	
	디자인/창작	예술 작품, 장식, 프로그램 등을 예술적으로 계획하거나 구상한다.	
	편집	내용이나 형식을 향상시키기 위해서 문서화된 자료들을 수정하거나 다시 쓴다.	
	연예/공연	관객들을 위해서 연극을 하거나, 노래하거나, 춤추거나, 악기를 연주하거나, 연설하거나, 방송을 진행한다.	
	삽화/이미지 그리기	소묘, 수채화나 유화, 사진, 비디오테이프 등을 그리고 제작한다.	
	개선/수정	강화하고, 개량하고, 더 좋게 만들기 위해서 변화시키거나 개조한다.	
	수공예품 만들기	보기에 좋은 장식품이나 실용품을 창작한다.	
	종합	다양한 요소들을 통합하여 새로운 하나의 프로그램이나 아이디어를 만들어낸다.	
	번역/해석	더 쉽게 이해할 수 있도록 사상이나 개념을 설명한다 (일반적으로 외국어나 수화를 포함한다).	
	글쓰기	기사, 책, 광고, 문안 등으로 사상과 사실, 정보를 표현한다. 아마도 창의적이거나 정보를 주는 것이거나 혹은 기술적인 자료들이 될 것이다.	
4	H 섬김형		
	조언/상담	정보를 주거나 권고한다. 행동을 취하도록 강력히 권한다.	
	진단	육체적, 정서적 혹은 영적인 문제가 무엇인지를 판단한다.	

		격려/동기 부여	다른 사람들에게 영감을 불어넣고, 자극하고, 힘을 준다. 용기, 정신, 확신을 주입한다.
		손님 접대	사람들을 어떤 장소나 이벤트로 맞아들인다. 그들을 편안하게 해주고 그들의 필요에 관심을 기울인다.
		경청	어떤 사람이 표현하는 정보나 감정들에 사려 깊고 신중하게 주의를 기울인다.
		멘토링/코칭	한 사람의 개인적 혹은 직업적 발전을 위해서 지도하고, 조언하고, 지지해준다.
		문제 해결법 제시	육체적, 정서적, 영적인 문제를 해결하기 위한 방법을 권고한다.
		의학적 조치	응급조치를 취하고, 처치하고, 간호하고, 재활시키고, 병을 치료한다.
		개인적인 서비스 제공	지역을 안내하거나, 음식 및 음료를 접대하거나, 피부나 머리카락, 손톱 등을 관리해준다.
		정보 제공	유용한 정보, 장소, 사람 등을 알려준다.
5	M/P 관리형/설득형		
		가르침/훈련/연설	사람들에게 정보를 제시하거나, 설명하거나, 명료하거나, 요약한다. 사람들 앞에서 연설하거나 일을 촉진시킨다.
		영향력/설득	다른 사람들이 행동을 취하거나 의견이나 신념을 변화시키도록 자극한다.
		돈 관리	예산을 준비하고 투자를 계획하는 등 전략적으로 돈을 사용한다.
		중재/연결	갈등 해결을 위해 둘 혹은 그 이상의 입장을 중재한다.
		협상	해결책을 찾고 동의를 얻기 위하여 협상하거나 거래한다.

		계획	목적을 성취하기 위한 전략을 고안한다.
		구입	돈이나 다른 것을 지불하고 상품과 용역을 산다.
		대리	한 사람이나 그룹이나 조직을 대리하여 그 입장에서 말하고 협상한다.
		판매/판매 촉진	어떤 사람에게 상품이나 서비스, 아이디어 혹은 개념의 가치를 설득한다.
		감독/관리	다른 사람이 수행하는 일을 감독한다.
	6	D/O 세부형/조직형	
		세부적인것에대한관심	작은 품목이나 부분, 요소들에 신중하고 세심하게 주의를 기울인다.
		계산/산정	수학적 방법이나 추론을 통하여 판단한다.
		조정	사람이나 행사를 위해 논리적인 세부 사항들의 일정을 잡고 조정한다.
		기록 관리	정보를 수집하고 분류하고 기록한다. 필요에 따라 기록을 갱신한다.
		조직	세부 사항, 서류, 물리적인 일, 일의 흐름 등을 범주화하고 체계화한다.
		타이핑/자료 입력	키보드로 능숙하게 정보를 입력한다.
		정확도 확인	문서화된 자료, 재정 기록, 여타 정보에 오류가 없는지 점검한다.
		재무 관련 일	재정 정보를 준비하고, 감사하고, 결산한다.

- 출처 : 책 『소명 찾기』 (출판사(IVP)로부터 사용 허가를 받았습니다.)

당신이 가장 좋아하는 기술과 경쟁력 있는 기술을 체크해봤는가? 나는 이 스텝을 거치고 난 다음에 코칭 심리에 대해서 좀 더 공부해봐야겠다는 생각을 하게 되었다. 그리고 내가 아마존 사업을 하며 회의감을 느꼈던 이유를 깨닫게 되었다. 내가 좋아하는 일은 물건을 판매하는 것이 아닌 코칭과 강의를 하고, 글을 쓰는 것이었기 때문이다. 그래서 어떻게 하면 코칭, 강의, 글쓰기를 사용하며 일을 할 수 있을까를 많이 고민했었다. 이처럼 새로운 일을 찾는 경우에는 자신이 가장 좋아하는 기술을 사용할 수 있는 일을 목표로 잡고 나아간다면 새로운 직업에서 훨씬 더 큰 만족과 즐거움을 누릴 수 있을 것이다. 또 나는 작가가 되고 싶었지만 그 일로 바로 전환하기에는 당장에 생활비가 필요했기 때문에 영어 과외와 아르바이트를 병행하며 내가 좋아하는 기술을 사용할 수 있는 직업으로 전환하기 위한 단계를 차근차근 밟아왔다. 이런 경우에는 일단 생계를 유지할 수 있는 직업을 찾은 다음에 당신이 좋아하는 기술을 사용할 수 있는 직업으로 바꾸는 단계를 차근차근 밟아나가기를 추천한다.

Step 4. 나의 핵심 가치 찾기

Step 4는 내 인생에서 중요한 의미를 갖는 나의 핵심 가치를 선택하는 단계이다. 현재 직업이나 하고 있는 일이 다른 가치들을 강조한다 하더라도 내가 가장 중요하게 생각하는 가치를 선택하면 된다. 나다운 선택을 할 때에 나의 핵심 가치들을 먼저 알고 선택을 하는 것은 내게 큰 도움이 되었다. 표를 보고 자신에게 가장 중요한 핵심 가치 5개를 선택해보면 된다. 내게 중요한 의미를 갖는 핵심 가치를 한번 선택해보자!

나의 선택	핵심 가치	핵심 가치 설명
	경쟁	다른 사람들과 능력을 겨루고 승패가 있는 일에 참여한다.
	권력/권위	다른 사람들의 행동과 운명을 통제한다.
	균형	중요한 사람과 함께하는 시간과 중요한 활동을 하는 시간을 개인적으로 충분히 갖는다.
	다른 사람 돕기	직·간접적으로 다른 사람들을 돕는다. 이 세상에서 다른 사람들에게 긍정적으로 기여할 수 있는 일을 한다.
	도전	어렵거나 복잡한 과업을 수행할 수 있는 기회를 잡는다.
	명성	자신의 권력과 부, 성공, 중요한 지위가 사람들에게 드러난다.
	변화/다양성	내용이나 환경의 변화가 잦은 일을 맡거나 다양한 기회를 갖는다.
	성취/탁월함	일에서 좋은 수준의 실력을 획득한다.
	소득	많은 돈을 벌 수 있는 곳에서 일한다.
	소속	특정 집단이나 조직의 구성원으로 인정받는다.
	승진	점점 더 많은 위업을 달성하거나 더 높은 지위에 올라간다.
	시간의 유연성	자유롭고 독자적으로 작업 일정을 결정할 수 있다.

	안전	직업이나 조직에서 안전감을 느낀다.
	안정성	일의 과정과 그에 대한 책임이 대체로 예측 가능하고 오랜 기간 동안 바뀔 가능성이 없다.
	영향력	다른 사람의 태도나 의견을 변화시킬 수 있는 지위에 있다.
	우정	좋아하는 사람과 함께 일할 수 있는 기회를 얻는다. 일터에서 친밀하고 인격적인 관계를 발전시켜, 일터 밖에서도 그 관계를 유지한다.
	자율성	다른 사람의 간섭을 받지 않고 내 일과 시간 사용을 결정할 수 있다.
	의사결정	중요한 결정을 내릴 수 있는 기회를 갖는다.
	인정	내 일의 우수성이 가시적이고 공적인 방식으로 인정받는다.
	자기 표현	내 생생한 아이디어와 감정과 견해가 다른 사람들로부터 받아들여지는 것을 경험한다.
	전문가적 지위	주어진 분야에서 공인된 전문가 혹은 높은 지적 능력을 가진 사람으로 인정받는다.
	지식	지식을 얻고 진리를 이해하는 것과 관련된 일을 한다.
	창의성/혁신	기존 체제를 따르지 않고, 새로운 아이디어와 프로그램, 조직, 구조 등을 창조한다.
	통제	내 생활과 일에 영향을 미치는 사람이나 요인들을 관리한다.
	협동	공동의 목표를 향해 다른 사람들과 함께 일한다.
	혼자 일하기	대부분의 시간에 혼자서 프로젝트를 수행할 기회를 갖는다.
	흥분/모험	일을 하는 과정에서 흥분이나 모험을 경험한다.

- 출처 : 책『소명 찾기』(출판사(IVP)로부터 사용 허가를 받았습니다.)

검사 결과, 나의 핵심 가치는 균형과 다른 사람 돕기, 성취/탁월함, 시간의 유연성, 영향력이다. 메신저는 이 다섯 가지의 핵심 가치에 모두 부합하는 일이기에 만족스럽다. 나만의 핵심 가치를 우선순위로 삶을 살아가려고 애쓰다 보니 훨씬 더 삶의 만족도도 높아지고 스스로도 의미 있는 삶이라 느껴져서 감사한 마음이다. 이처럼 자신이 가장 의미를 느끼는 핵심 가치를 선택해보고 그 핵심 가치 중에서도 가장 중요한 가치는 무엇인지 우선순위를 정해본 다음, 지금 하고 있는 일과 나의 핵심 가치가 얼마나 부합되는지 본다면 다음 스텝을 결정하는 데 도움이 되어줄 것이라 생각한다.

Step 5. 내 선호 역할 찾기

Step 5는 자신이 특별하게 선호하는 역할이 무엇인지 알아가는 단계이다. 삶을 살면서 우리는 많은 역할을 해내고 있지만 그중에서도 내가 특별히 자연스럽고 더 즐겁게 해낼 수 있는 역할이 있다. 당신이 일할 때 수행하고 싶은 역할 2~3가지를 선택하면 된다. 내가 불확실한 영역을 이 과정을 통해 또렷하게 할 수 있었던 것처럼 여러분께도 도움이 되길 바란다. 이 검사는 당신이 즐겁게 할 수 있는 역할을 확인해볼 수 있도록 도와줄 것이다. 나의 고유한 모습, 내가 즐겁게 할 수 있는 선호 역할은 어떤 것인지 한번 확인해보자!

선호 역할	전환 가능한 기술	설명
1. 창조형(Creating) 역할		
디자이너/창작가	디자인/창작, 종합, 개선/수정, 작곡, 조경, 컴퓨터 프로그램 작성, 삽화/이미지 그리기, 조립/건설, 요리/음식 준비	혁신적 해결책이나 전략을 발견하기 위해 문제와 상황을 바라보는 새로운 방식을 찾는다. 비전을 현실로 만들기 위해 실행 가능한 계획을 만들어낼 수 있는 '큰 그림'을 그린다. 문서 작업, 작곡, 프로그램, 커리큘럼, 연극, 물리적인 공간 배치 등과 같이 새로운 것을 창조하는 것을 즐거워한다.
공연가	연예/공연	관객들 앞에서 말하고, 노래하고, 춤추고, 악기를 연주하는 것을 즐거워한다.
2. 지도/기여형(Leading/Contributing) 역할		
조정자	중재/연결, 조정	목표를 달성하기 위해서 사람들과 지원을 연결하는 핵심적인 인물로 봉사하는 것을 즐긴다.
기여자/투자자	돈 관리, 구입	특별한 사람이나 사업을 후원하기 위해 돈이나 상품을 제공하는 것을 즐긴다.
리더	계획, 디자인/창작, 영향력/설득, 감독/관리, 격려/동기 부여	어떤 그룹이나 조직을 위해 비전이나 방향성을 만들어내는 것을 즐긴다. 목표 달성을 돕기 위하여 관리자들을 감독한다.
관리자	감독/관리, 영향력/설득, 격려/동기 부여	설정된 목표를 성취하기 위해서 몇 개의 그룹과 부서의 활동을 조정하며, 존경하는 지도자 밑에서 일하는 것을 즐긴다.
팀/그룹 리더	감독/관리, 가르침/훈련/연설	팀의 응집력을 위해 그들의 활동을 관리하면서, 사람들과 밀접하게 일하는 것을 즐긴다. 학급이나 소그룹 같은 환경에서 토론을 활성화하는 것을 즐거워한다.

3. 설득형(Persuading) 역할

협상자	영향력/설득, 협상, 경청	둘 이상의 개인이나 그룹이 합의나 해결책에 도달하도록 돕는 것을 즐긴다.
촉진자	판매/판매 촉진, 영향력/설득	어떤 사람이나 사물의 장점에 대해서 다른 사람에게 열성적이고 설득력 있게 말하는 것을 즐긴다.
모집자	판매/판매 촉진, 영향력/설득, 격려/동기 부여	어떤 주장, 프로젝트, 이벤트, 조직 등에 관여하도록 사람들을 설득하는 것을 즐긴다.
판매자	판매/판매 촉진, 영향력/설득	어떤 사람이나 사물에 투자하거나 구입하도록 사람들을 설득하는 것을 즐긴다.

4. 도움/지도형(Helping/Instructing) 역할

상담자	경청, 조언/상담	사람들이 그들의 개인적인 문제를 더 잘 이해하고 해결책을 찾고, 삶을 개선하도록 돕는 것을 즐긴다.
멘토/코치	조언/상담, 경청, 격려/동기 부여, 가르침/훈련/연설, 민첩한 움직임	사람들과 일대일 관계를 맺으며, 그들이 은사와 능력을 개발하여 인격적 혹은 직업적 측면에서 성장하도록 돕는 것을 즐긴다.
화해시키는 자	경청, 중재/연결, 조언/상담	개인이나 분파 간의 관계를 치유하고 조화를 이루는 것을 즐긴다. 관계 회복을 가져오는 데 유능하다.
교사/훈련가/연설가	가르침/훈련/연설, 촉진, 연예/공연, 격려/동기 부여	다른 사람의 학습을 돕기를 즐긴다. 명확하게 의사소통할 수 있다. 개념, 사실적 정보, 기술 등을 가르칠 것이다. 다른 사람들을 격려하는 일에 관심이 있다.

5. 도움/조력형(Helping/Assisting) 역할

돌보는 자(사람)	개인적인 서비스 제공, 경청, 의학적 조치, 기록 관리, 운전, 운송, 조정	어린이, 노인, 환자, 장애인과 같이 조력이 필요한 사람들을 개인적으로 돌보는 것을 즐긴다. 물리적인 필요, 가정 및 재정 문제 등과 관련하여 돕는 일을 한다.
돌보는 자(사물)	설비, 수리, 분석/평가, 품질 검사, 장비 작동, 숙련된 육체 노동	구체적인 사물이나 장소, 영역에 대한 책임을 지는 것을 즐긴다. 유지와 관리를 감독한다. 수리, 서비스를 수행하거나 조장한다.
접대자	손님 접대, 조정	구체적인 환경에서 사람들을 환영하고 편안하게 해주는 것을 즐긴다. 따뜻한 분위기를 만든다. 사람들의 필요에 민감하고 세심하다. 사람들이 즐거운 경험을 하도록 도와준다.
조직자	조직, 범주화/분류, 조정, 세부적인 것에 대한 관심	어떤 것을 질서 있고 효율적으로 만드는 것을 즐긴다. 행사를 위해 사물과 정보, 사람, 여타 세부 사항을 조직하는 것을 즐거워한다.
기록자	기록 관리, 세부적인 것에 대한 관심, 계산/산정, 정확도 확인, 재무 관련 일	사람, 돈, 행사 등에 관련한 자료를 입력하고, 기록을 보존하고, 정보를 갱신하는 것을 즐긴다.
후원/조력자	필요에 따라서 다양한 기술을 사용할 수 있다.	필요한 곳에서 사람들을 돕는 것을 즐긴다. 보이지 않는 곳에서 사람을 섬기는 것을 좋아한다.

6. 분석/문제 해결형(Analyzing/Solving) 역할

평가자	분석/평가, 품질 검사, 견적 산출	어떤 사람이나 사물의 질을 평가하는 것을 즐긴다.
고충 처리자	분석/평가, 문제 해결/고충 처리	문제 해결을 즐긴다. 문제 상황을 재빨리 평가하고 적절한 행동을 결정할 수 있다. 위기나 위험을 감수할 것이다.

7. 다른 역할들

전문가(당신의 '마음의 지도'에는 당신만의 전문 분야를 써 넣으면 된다.)	전문 분야에 따라 사용되는 기술	정보, 사람, 사물과 관련해서 특별하고 전문적인 기술을 수행한다. 목공, 건설, 조경 등 기술적이거나 기계적인 기술 혹은 다른 실제적인 기술을 사용하는 것과 관련이 있다.
다른 역할		

– 출처 : 책 『소명 찾기』 (출판사(IVP)로부터 사용 허가를 받았습니다.)

　　나의 선호 역할은 도움/지도형 역할인데, 결과가 정확해서 신기했다. 해결책을 찾고, 삶을 개선하도록 돕는 것을 즐기며 사람들이 본인의 강점과 능력을 개발하여 인격적 혹은 직업적 측면에서 돕고 격려하는 것을 즐기는 것이라고 했다. 선호 역할에는 상담자, 멘토/코치, 화해시키는 자, 교사/훈련가/연설가가 있었다.

책『소심청년, 소명을 말하다』에서는 "같은 것을 보아도 보이는 것이
다 다르다. 내가 숨기려고 해도 숨길 수 없는 나의 관심 영역은 무엇인
가? 내가 시간과 자원을 가장 많이 사용하고 있는 곳은 어디인가?"라고
하며 소명을 찾아가는 것에 있어서 관심사가 중요한 역할을 하고 있음을
말해주고 있다. 관심사는 내가 어디에 주의를 기울이는지, 시간을 보내
는 방식을 형성할 때도 중요한 역할을 한다. Step 6. 관심사를 찾는 단계
는 내가 온전한 나를 찾아갈 때 도움이 많이 되었던 단계이기도 하다. 질
문에 대한 나의 대답을 예시로 들어본다면 나는 사람들에게 좋은 영향력
을 미치고 양성하는 영역의 일을 할 수 있다면 즐겁게 일할 수 있다고 답
했다. 그리고 내가 온전한 나를 찾고 소명을 찾아올 수 있었던 것처럼 다
른 사람들의 고유함을 발견하도록 도와주며 소명을 찾을 수 있도록 도울
수 있다면 일정 기간 보수가 없어도 기쁘게 일할 수 있겠다고 적었다. 독
자님들도 다음 질문에 차근차근 답해보시길 바란다.

1. 나는 자유 시간에 주로 무엇을 하는가?
2. 학창 시절에 내가 가장 좋아했던 수업은 무엇인가?
3. 나의 유튜브 검색 기록 혹은 최근 시청 기록을 관찰해보면 주로 어떤 주제를 시청하는가?
4. 과거에 즐겼던 일, 여가 활동, 자원 활동은 어떤 것들이었는가?

5. 도서관이나 서점에 가면 나는 어떤 분야에 가장 마음이 끌리는가?
6. 요즘 나의 최대 관심사는 무엇인가?
7. 내가 깊이 연구하거나 배우기 좋아하는 주제는 무엇인가?
8. 삶의 각 영역에서 가장 즐겁게 할 수 있는 일은 무엇인가?
9. 일정 기간 아무런 보수 없이도 즐겁게 할 수 있는 일이 있다면 어떤 일이 있는가?

Step 7. 나의 강점을 찾는 방법

주변에서 듣는 칭찬을 통해 나의 강점을 찾아보자!

앞서 핵심 가치, 선호 역할, 관심사를 알아봤다면 이제 나는 어떤 강점을 가지고 있는지 알아보는 방법을 알아볼 것이다. 나의 고유함을 발견하는 과정에서 강점을 발견하는 것은 당연한 것이다. 각자가 가지고 있는 강점은 다 다르기 때문이다. 우리가 일상생활 속에서 자신의 강점을 알 수 있는 자연스러운 방법은 바로 '칭찬'이다. 본인의 강점이라면 남들과 같은 노력이나 혹은 더 적은 노력을 들이고도 더 좋은 결과를 내거나 자연스럽게 그 강점을 사용할 것이기 때문에 당신의 두드러진 부분을 주변도 알아차릴 수 있을 것이다. 학교에서 혹은 직장이나 친구들과의 모임에서 'ㅇㅇ아, 너는 이거 되게 잘한다.' 칭찬받는 부분이 주로 어떤 부분인지 생각해보면 좋다. 나도 나를 잘 아는 가까운 사람들에게 나는 어떤 사람인 것 같은지, 나의 장점은 무엇이고 단점은 무엇인지 많이 물어보고 다녔다. 그러면서 내가 모르던 나에 대해서 더 알아갈 수 있게 되었다. 주변 사람들이 내게 말해주었던 칭찬 리스트는 '진행을 잘한다', '무대 체질이다', '말에 힘이 있다', '마음에 있는 이야기를 잘 이끌어낸다', '도전적이고 실행력이 빠르다', '생각과 말을 잘 표현해낸다', '밝고 긍정적인 에너지가 넘친다'와 같은 칭찬이었다. 그래서 칭찬을 통해 본인만의 강점을 발견하기 수월하도록 〈칭찬 리스트〉를 준비했다. 다음 페이지에 있는 다양한 칭찬 리스트를 읽어보고 들어본 적이 있는 칭찬 리스트가 있다면 한번 체크해보시길 바란다.

〈칭찬 리스트〉

말을 잘한다.	계획을 잘 세운다.	격려를 잘한다.	위로를 잘해준다.	상담을 잘한다.
공감 능력이 뛰어나다.	기획하는 능력이 뛰어나다.	발표를 잘한다.	이야기를 잘 들어준다.	옳고 그름이 분명하고 분별력이 있다.
주도적이다.	용감하다.	도전적이다.	진취적이다.	상대방의 좋은 면을 잘 캐치한다.
평가를 잘한다.	꾸준하다.	진정성이 있다.	표현력이 좋다.	글을 잘 쓴다.

규칙적이다.	차분하다.	실행력이 좋다.	생산성이 좋다.	자기 확신이 있다.
성격이 동글동글하다.	효율적이다.	목표 지향적이다.	수용성이 높다.	존재감이 있다.
카리스마가 있다.	감성적이다.	단정하다.	솔직하다.	분석을 잘한다.
암기를 잘한다.	검소하다.	생각이 깊다.	모임을 잘 이끈다.	회복 탄성력이 있다.
신뢰가 간다.	잘 베푼다.	신중하다.	언어 능력이 좋다.	승부욕이 있다.
사교성이 좋다.	리더십이 있다.	우직하다.	정리를 잘한다.	화합을 잘한다.
유머러스하다.	분위기 메이커다.	적극적이다.	다재다능하다.	예의바르다.
추진력이 좋다.	자신만의 철학이 있다.	창의력이 좋다.	낭만적이다.	인내력과 끈기가 있다.
감정 기복이 없고 안정적이다.	상상력이 풍부하다.	자신감 있다.	개개인의 특성을 잘 캐치해낸다.	성취욕이 있다.
매사에 공정하다.	포용을 잘한다.	발전, 성장하기 위해 늘 노력한다.	집중력이 좋다.	지적 호기심이 많다.
정말 잘 가르친다.	동기 부여를 잘한다.	상황 대처 능력이 좋다.	너그럽다.	협력적이다.

늘 배우고자 한다.	마음 씀씀이가 좋다.	모험을 즐긴다.	미래 지향적이다.	독립심, 자립심이 강하다.
중재를 잘한다.	정직하다.	손재주가 있다.	관찰력이 좋다.	열정적이고 에너지가 넘친다.
충실하다.	섬세하다.	끈기가 있다.	문제를 잘 발견한다.	감수성이 있다.
의지가 강하다.	매사에 능동적이다.	따뜻하다.	입이 무겁다.	성실하다.
설득력이 있다.	인맥 관리를 잘한다.	기억력이 좋다.	잘 이해해준다.	예술 감각이 뛰어나다.
책임감이 있다.	미래를 잘 대비한다.	진지하다.	적응력이 빠르다.	다른 이들에게 영감을 준다.
활기를 준다.	상대방을 편안 하게 해준다.	객관적이다.	센스가 있다.	상황을 빠르게 판단한다.
충성심이 있다.	여러 가지를 함께 잘 한다.	논리적이다.	융통성이 있다.	통찰력이 있다.
사려 깊다.	조사하는 것에 능하다.	다음에 일어날 일들을 잘 예측한다.	아이디어가 많다.	박식하다.
늘 앞서간다.	다른 이들을 잘 성장시킨다.	외향적이다.	참신하다.	한 사람 한 사람 개인의 차이를 잘 발견해낸다.

사회성이 좋다.	여러 가지 대안과 시나리오를 잘 생각해낸다.	습득력이 빠르다.	매력적이다.	굉장히 체계적이다.
예리하다.	매사에 가능을 보고, 긍정적이다.	문제의 원인을 잘 알아낸다.	현재에 충실하다.	다른 사람의 감정과 마음을 잘 알아차린다.
다른 이들을 잘 인정해준다.	직관적이다.	규범 준수를 잘한다.	일관적이고 한결같다.	상황을 명확하게 잘 설명해낸다.
삶을 잘 즐긴다.	승부욕이 강하다.	경쟁심이 뛰어나다.	개방적이다.	일을 잘한다.
정결하다.	신념이 있다.	마무리를 잘한다.	우선순위가 명확하다.	방향을 잘 벗어나지 않는다.
학구적이다.	자기 관리를 잘한다.	자신을 잘 성찰한다.	자상하다.	조직을 관리하는 능력이 있다.
부드럽고 유연하다.	문맥을 잘 파악한다.	결단력이 있다.	자신을 희생할 줄 안다.	피드백을 잘한다.
숫자 계산이 빠르다.	잘 도와준다.	응용력이 좋다.	인상이 좋다.	요약을 잘한다.
일을 끝까지 완수해낸다.	관리자로 구성원 관리를 잘한다.	겸손하다.	다른 이들과 소통하기 위해 노력한다.	다른 이들에게 비전을 잘 제시한다.
주인의식을 갖고 행동한다.	선행을 잘 베푼다.	양심적이다.	사람들과 관계가 깊다.	구성원들의 사기를 잘 북돋아준다.

학습력이 좋다.	싹싹하다.	헌신적이다.	상대방의 눈높이로 잘 설명한다.	운동 능력이 뛰어나다.
순발력이 있다.	후회를 하지 않는다.	합리적이다.	위기 대처 능력이 좋다.	가진 자원을 잘 관리하고 활용한다.
다른 사람의 필요를 잘 파악한다.	감정 컨트롤을 잘한다.	다른 사람의 마음을 잘 헤아린다.	자기 절제를 잘한다.	문제를 깊이 파고든다.
약속 시간을 잘 지킨다.	매사에 준비성이 철저하다.	현실적이다.	반복되는 업무를 빠르게, 잘 처리한다.	눈치가 빠르다. (이해력이 빠르다)
깔끔하고 정리 정돈을 잘한다.	애교가 많다.	대화를 잘 이끌어간다.	문해력이 좋다.	도구를 잘 다룬다.
맑고 투명하다.	뒤끝이 없다.	다른 이들에게 관심을 잘 가져 주고 잘 돌본다.	변화를 잘 이끌어간다.	자료 정리를 잘한다.
매사에 꼼꼼하다.	트렌드를 잘 읽는다.	지도를 잘한다.	일처리가 깔끔하다.	영향력이 넓게 퍼진다.

실제로 내가 지금 글을 적고 코칭을 하는 것 그리고 강의를 하는 것을 보면 내가 하고 있는 일과 내가 다른 이들에게 주로 듣는 칭찬과 연결이 된다. 당신도 이 시간을 통해 당신 본인만의 고유한 강점에 대해 다시 한번 생각해보며 온전한 자신을 찾아가는 데 도움 되는 시간이 되기를 바란다.

지금 나도 계속 온전한 나를 찾아가는 여정 속에 있지만 새로운 나를 발견하고 나를 이해하는 데 많은 도움이 되었던 방법을 소개하려 한다. 바로 강점을 진단해주는 도구를 사용하는 것이다. 나도 강점을 진단해주는 테스트를 하면서 이전보다 나에 대한 이해를 훨씬 더 높일 수 있었고 검사 결과를 통해 알게 된 나의 강점을 최대한 잘 사용할 수 있는 일이 무엇일지 효과적으로 생각해볼 수 있게 되었다. 아래에 나의 강점과 고유함을 좀 더 잘 이해할 수 있는 테스트를 4가지 소개해보겠다.

1. 에니어그램

에니어그램(Enneagram)은 사람을 9가지 성격으로 분류하는 성격 유형 검사이다. 희랍어에서 9를 뜻하는 ennear이라는 단어와 점, 선, 도형을 뜻하는 grammos의 합쳐진 것으로, 원래 '9개의 점이 있는 도형'이라는 의미이다. 대한민국에서는 2001년에 윤운성 교수님에 의해 표준화를 거친 한국형 에니어그램 성격 유형 검사가 정식으로 도입되었다.

https://urbanlist.kr/content/enneargram/questions

2. 태니지먼트

태니지먼트는 Talent + Management의 합성어로, 사람들이 자신의 재능을 발견하고 강점으로 개발할 수 있도록 도와주는 인재 선발을 위한 강점 진단 도구이다. 태니지먼트 홈페이지에서 무료로 진행할 수 있다.

https://tanagement.co.kr/test/basic

3. 갤럽 강점 검사

내가 가장 도움을 많이 받은 검사인 갤럽 강점 검사 테스트이다!! 이 테스트는 리서치 전문 기업 갤럽이 개발한 강점 검사 테스트인데, 국내에서는 『위대한 나의 발견, 강점 혁명』이란 책을 통해 유명해졌다. 갤럽 홈페이지에서 할 수 있으며 유료 검사이다. 대표 테마 보고서에서는 자신의 강점과 관련된 상위 5개의 테마를 알 수 있다. 5개 테마의 세부 내용과 34개 테마 전체를 알고 싶다면 추가 결제를 해야 한다. 하지만 나는 개인적으로 상위 5개의 테마만 해도 충분했다.

https://store.gallup.com/p/en-sg/10108/top-5-cliftonstrengths

4. MBTI

카를 융의 심리 유형론을 토대로 고안한 자기 보고식 성격 유형 검사 도구이다. 정신적 에너지의 방향성을 나타내는 외향-내향(E-I) 지표, 감각-직관(S-N) 지표, 사고-감정(T-F) 지표, 판단-인식(J-P) 지표이다.

MBTI는 이 4가지 선호 지표가 조합된 양식을 통해 16가지 성격 유형을 설명해서 성격적 특성과 행동의 관계를 이해하도록 돕는다.

그렇다면, 이 강점 진단 테스트를 어떻게 활용해보면 좋을까?

사람은 본연의 모습이 될 수 있을 때 가장 에너지가 넘치고 동기 부여도 잘된다. 일반적으로 이러한 나만의 고유한 특징들에 맞는 일을 할 때 자신만의 강점과 능력에 대해서도 최선의 관리자가 될 수 있다. 그래서 나의 고유함과 성격, 강점을 아는 것이 중요하다.

앞서 소개한 테스트로 나의 강점을 진단해봤다면 이를 어떻게 활용해보면 좋을까? 4가지의 강점 진단 테스트로 나온 결과들의 서로 겹치는 교집합을 찾아보면 좋다. 내가 검사한 결과로 나를 이해하는 데 어떻게 이 테스트를 활용했는지 이야기해보겠다.

MBTI부터 살펴보면, 내 MBTI는 ESTP-T이다. 모험을 즐기는 사업가 유형인데 넘치는 에너지를 가지고 있고 무대 체질이다. 핵심적인 부분은 경험을 중시하고 말보다 몸으로 부딪히며 배우는 것을 좋아한다. 예리한 관찰력과 행동력이 있고 절체절명의 상황에서도 사실이나 현실에 근거하여 이성적으로 결정을 내리는 편이다.

또 다른 특징으로는 충만한 영감과 설득력, 그리고 다양한 성격을 가지고 팀을 이끌어가고 아직 개척되지 않은 세계로 다른 이들을 인도함으로써 즐거움과 흥미를 더한다고 한다. 이런 특징을 보면 내가 책을 쓰는 목적인 '세상의 기준이 아닌 나만의 기준으로 살아가자' 주제와도 잘 부합되는 듯하다. 또 인생은 모험이 아니면 아무 것도 아니라는 것이다. 이전에 나는 내가 도전적이라고 생각하지 못했는데 여러 시도와 맨땅에 헤딩을 하고 나서 '내가 도전적이고 실행력이 빠른 편이구나'를 알게 되었다.

또 태니지먼트 강점 진단은 '완성' 키워드와 '동기 부여'가 나왔다. 하기로 한 일은 제대로 해내고, 일단 일이 시작되면 마침표가 찍힐 때까지 안도하지 않는 것과 다른 사람을 격려하여 팀을 움직이는 것이 강점이라고 했다.

또 태니지먼트 테스트를 하면 다른 사람보다 빠르게 학습해내고 반복적인 성과를 내는 행동은 무엇인지도 알려주는데, 나는 다른 이들을 양성(develope)하는 키워드가 나왔다. 이 강점을 통해서 코칭을 할 때 그들의 잠재력을 발견하고 그 잠재력을 발전시키기 위해 어떤 과제가 필요한지 찾아내는 것을 즐긴다.

이러한 강점들을 살펴볼 때 다른 사람의 성장을 돕고 양성하는 코칭과 멘토링이 굉장히 잘 맞는다는 것을 알 수 있다. 또 신기한 것은 온전한 나를 찾는 여정에서 했었던 핵심 가치 찾기, 좋아하는 기술, 선호 역할 찾기 스텝의 결과들과 다 겹친다는 것이다.

이어서 나의 에니어그램 검사의 결과를 살펴보면 3번 유형, 성취하는 사람이다. 주요 키워드는 성취가, 실행가, 동기 유발자, 끊임없이 행하는 사람이다.

갤럽 강점 검사에서는 최상화, 책임감, 행동력, 화합, 존재감 이렇게 5가지의 상위 테마가 나왔다. 최상화는 다른 사람의 탁월성과 강점을 주목해주고 그것들을 이끌어내는 역할이다.

좋은 사람들과 교제하고 1:1로 다양한 사람들과 대화하며 배우는 것을 좋아하는데 대체로 사람들과 좋은 시너지를 내면서 에너지를 받는다. 존재감은 반복적으로 나오는 키워드인 영향력과 비슷한 키워드인데 큰 영향을 발휘하기를 원한다는 것이다. 또한 독립성을 중요시 여기기 때문에 스스로 업무와 활동을 결정할 수 있는 직업을 선호하고 후방을 지원하는 느낌보단 무대 중앙에 설 기회를 많이 찾으라고 한다. 이쯤 되면, 내가 왜 메신저가 되었는지, 어떻게 사업을 시작할 수 있었는지 알 수 있지 않는가?

이렇게 4가지의 검사를 모두 해봤다면 네 가지 강점 테스트의 교집합을 찾아내야 한다.

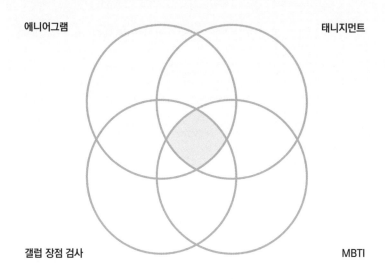

에니어그램   태니지먼트

갤럽 장점 검사   MBTI

나는 '양성하는 것'과 '영향력'으로 추려봤다. 사람들에게 영향을 주고 그들의 가능성을 찾고 발전시켜서 다른 사람들의 성장을 돕는 것을 잘하고 좋아한다. 그래서 강의나 코칭 혹은 글을 통해 메시지를 전하면서 사람들이 정말 도움이 되었다고 할 때 행복하고 의미 있다고 느낀다. 이처럼 강점을 진단할 수 있는 도구를 사용해보면, 온전한 자신에 대해 보다 더욱 깊이 알아갈 수 있고 자신의 고유한 특징과 강점을 이해할 수 있게 된다. 나는 이러한 과정을 통해서 내게 주어진 선물인 나만의 강점을 잘 사용할 수 있는 일은 무엇이 있을까 고민해보며 진로의 방향성을 설정할 수 있었다. 하지만 필요한 부분을 잘 취해서 활용을 잘하되, 결과에만 너

무 매여 있는 것도 좋지 않다. 주변 친구들에게 내 MBTI가 ESTP라고 말하니 주변에서 내게 변형된 ESTP 같다는 이야기를 했다. 외향적인(E) 성향이 조금 더 있는 것이지 내향적인(I) 성향도 적절히 섞여 있고 직관(N)과 감각(S), 감정(F), 사고(N)도 마찬가지이기 때문이다. 그래서 MBTI 검사 결과에서 말하는 ESTP의 성격과는 완전히 다른 부분도 많이 있다. 사람은 워낙 복잡하고 각자의 특징이 너무나도 다양해서 하나의 결과지로 나라는 사람의 모든 것들을 파악할 수는 없다. 그러니 새로운 나를 발견하고, 이러한 특징과 강점이 있다고 파악하는 용도로 참고해보시면 좋을 것 같다.

···

나를 동기 부여
하는 것

나는 왜
이 일을 하는가

– 사이먼 시넥, 『START WITH WHY』 –

앞에서 '왜 나답게 살아야 하는지', '그렇다면 어떻게 해야 나답게 살 수 있는지' 살펴보고 나의 강점, 고유함을 발견하고 찾아보는 시간을 가져보았다. 이렇게 나 자신에 대해 깊이 알아가보니 '온전한 나'와 한층 더 가까워진 것 같지 않은가?

나도 '온전한 나를 찾아가는 여정'을 걸으며 앞으로 내가 해야 할 일은 무엇일까 열심히 고민하고, 또 여러 가지를 시도하고 도전해오면서 최선을 다해 살아가기 위해서 노력하고 있지만 가끔 초심을 잊기도 하고 설정해둔 목표도 흐릿해질 때가 있다. 그럴 때 어떻게 내가 초심을 다시 되

찾고 동기 부여 할 수 있었는지 나눠보려고 한다. 그것은 바로 내가 이 목표를 '왜' 설정했는지, 이 일을 '왜' 시작했는지 되돌아보는 것이다. 어떤 일을 하면서 내가 이 일을 '왜' 하는지, '왜' 해야 하는지 주기적으로 생각해보는 것은 내가 하고 있는 일에 의미와 초심을 다시 찾는 데 도움을 준다. 이런 프로세스를 여러 번 거치다 보면 어쩔 땐 스스로 '왜' 하는지도 모르고 목적도 없이 그냥 하고 있는 일이었다는 것을 알게 될 때도 있고, 원래 목적과는 다른 길로 가고 있었다는 것을 알게 될 때도 있다. 그 과정 속에서 깨달은 것이 한 가지 있다. 사람은 본인에게 의미가 없는 일을 지속하기가 어렵다는 것이다. 『START WITH WHY : 나는 왜 이 일을 하는가』의 저자 사이먼 시넥은 WHY(나는 왜 이 일을 하는가)로 시작하기 전에는 강연을 요청 받은 경험이 딱 한 차례뿐이었는데, WHY로 일을 시작한 후 국가를 막론한 다양한 청중 앞에서 골든 서클을 주제로 연간 30~40번씩 강연을 하게 되었다고 한다. 또 이전에는 그러한 경험이 없었지만 WHY로 일을 시작한 이후에 TV에도 출연하고, 국회의원과도 함께 일하게 되었다.

이러한 성공을 두고 사이먼 시넥은 말했다.

"나는 전과 똑같은 사람이다. 예전보다 많은 지식을 알게 되지도 않았다. 지금과 이전의 유일한 차이점은 WHY(나는 왜 이 일을 하는가)로 시작한다는 것뿐이다."

사이먼 시넥의 책을 읽으면서 무엇을 시작하기 전에 '왜' 하는지 명확히 알고 행할 때 똑같은 일을 하더라도 얼마나 다른 결과를 가져올 수 있는지를 알게 되었다. 이 일을 내가 '왜' 하는지 모를 때는 일의 효율은 떨어지고 그 일을 지속하기가 더 어렵다는 것을 경험했기 때문에 사이먼 시넥의 이야기에 더 공감할 수 있었다. 목표가 흐릿해지고 처음의 그 열정이 식어가고 있다면 '왜' 내가 이 일을 해야 하는지, '왜' 하려고 하는지 깊이 생각해보면 어떨까. 아무리 생각해봐도 여전히 내가 '왜' 이 일을 하고 있는지, '왜' 해야 하는지를 모르겠다면 그 일은 당신이 해야 할 일이 아닐지도 모른다는 신호일 수도 있지 않을까.

내 마음의 지도를 그려보자

온전한 나를 찾는 여정 7 STEP을 해보며 알게 된 것들을 바탕으로 내 마음의 지도를 한번 그려보자.

▶ 나에 대해 새롭게 알게 된 것은?

~~~~~~

~~~~~~

▶ 내가 좋아하는 일 3가지는?

~~~~~~

~~~~~~

▶ 나의 핵심 가치 3가지는?

~~~~~~

~~~~~~

▶ 내가 흥미를 느끼는 역할 유형은?

▶ 나의 관심사는?

▶ 강점 테스트를 해보니 내 강점들의 교집합은?

▶ 나의 사명 선언문 작성하기

나는 _____ 한 고통/필요를 가지고 있는 사람들을 위해

나의 _____ (했)던

경험과 나의 _____ (한)

강점으로 그들을 도울 것이다.

Remember who you are

내가 가는 길에 더 자부심을 가지고

목표를, 내 인생을, 내 삶을

다른 사람과 비교하거나 과소평가하지 말아야겠다고 다짐했다.

PART 6

Remember who you are

폭풍
성장 할래요!

···

실행력을
극대화시키는 방법은

거시적으로는 인내하고, 미시적으로는 속도를 올리라고 말해주고 싶다.
앞으로 다가올 8년에 신경쓰기보다는 코 앞의 '8일'에 더 집중하는 삶을 살기를 바란다.

- 게리 바이너척 -

실천하지 않으면 내 에너지는 더 고갈된다. 온전한 나 찾기 여정을 걸어오며 내게는 주기적으로 번아웃이 찾아왔다. 이 시기에는 아무 것도 하고 싶지 않고 '내가 할 수 있을까? 나 같은 사람이 뭐라고⋯. 자격이 갖춰지지도 않았는데 내가 어떻게 하겠어. 자격이 좀 더 갖춰지면 하자.' 하는 부정적인 생각들이 내 머릿속을 가득 채웠다. 실천은 하지 않고 이런 생각만 많이 하게 되니까 오히려 도전하고 시도할 때보다 생각만으로도 에너지는 더 고갈되었다. 그렇게 되니까 무기력과 번아웃이 함께 왔다. 내게 주어진 자원은 유한한데 정작 해야 할 것에 에너지를 쏟지 못하고 고갈되니 마음이 더 힘들어졌다. 그럴 땐 계속 떠오르는 생각을 멈추고 바로 실천하는 것이 에너지를 아낄 수 있는 가장 좋은 방법이었다. 이런 과정을 계속 반복하다 보니 실행력을 높일 수 있는 몇 가지의 방법을 발견했다.

실행력 높이는 노하우

첫째, 어떤 것을 실행해볼지, 어떤 것을 목표로 설정해야 할지 충분히 생각하고 적어본다.

나는 머리가 복잡할 때마다 A4 용지를 꺼내서 내가 해야 할 일을 쭉 적고, 앞으로 나아가야 할 방향과 그에 따른 목표를 나열한다. 그리고 지금 당장 할 수 있는 액션 플랜은 어떤 것이 있는지 적어보는 시간을 가지곤 한다. 이 과정은 내가 지금 당장 어떤 것을 해야 하는지 직시하는 데 큰 도움이 되어주었다.

둘째, 목표를 작게 쪼갠 다음, 단계별로 계획을 세운다.

ex) 목표 : 블로그에 1년간 100개 포스팅하기

목표 쪼개기 : 3~4일마다 글 1개 포스팅하기

- 첫 번째 액션 플랜

이번 주에 어떤 주제로 글을 올릴지 10개 정도 미리 주제를 구상해둔다.

- 두 번째 액션 플랜

사람들에게 도움이 되는 글을 포스팅하기 위해서 관련 자료를 조사하고 사례를 수집한다.

- 세 번째 액션 플랜

3일마다 포스팅 하나를 업로드하고 업로드 여부를 확인할 수 있도록 달력에 표시해둔다. 이렇게 목표를 작게 쪼개서 단계별로 계획을 세우면 작은 행동부터 시작할 수 있기 때문에 '큰 목표를 당장 어떻게 이루지?' 하는 부담도 줄일 수 있고 목표를 한눈에 직관적으로 볼 수 있으므로 실행력을 훨씬 높일 수 있었다.

셋째, 실행하기로 결정했다면, 그냥 묵묵히 실행한다.

실행하기로 결정했다면 '이게 잘 될까?', '이렇게 하면 될까?' 이러한 생각을 멈추고 그냥 묵묵하게 목표를 설정한 만큼 실행해야 한다. 나도 생각이 많은 편이라, 하다가도 '이게 맞나? 이렇게 하면 될까?' 하는 생각이 너무 많아서 목표를 달성하지 못한 적이 많이 있었다. 그래서 요즘에는 목표를 세우기 전에 충분히 생각해보고, 해야겠다고 마음을 먹으면 목표를 달성할 때까지 생각을 멈추고 실행에만 집중하려고 노력하고 있다.

넷째, '어제의 나'와만 비교한다.

남과 비교하는 것이 가장 치명적이다. 나도 목표를 향해 나아가면서 남과 비교하기 시작할 때 스스로 가장 우울하고 힘든 시기를 보내게 되었다. '나는 왜 이것밖에 못하지?' 하며 자신을 실패자로 인식하게 되고 그럴수록 더 조급해졌다. 그때 내가 깨달은 것은 '그 사람은 그 사람이고 나는 나다! 그저 나는 내가 세운 목표만 바라보며 어제의 나보다 조금 더 나아지면 된다!'였다. 그렇게 생각하고 나니 오히려 나의 목표에 한 걸음 더 가까워질 수 있었고 마음도 정말 많이 편안해졌다. 미국 카네기멜런 대학교 교수로 재직했던 랜디 포시는 자신의 저서 『마지막 강의』에서 "당신 자신을 다른 사람들과 비교함으로써 스스로 과소평가하지 말라. 왜냐하면 우리 각자는 모두 다르고 특별한 존재이기 때문이다. 당신의 목표를 다른 사람들이 중요하다 생각하는 것에 두지 마라. 자기에게 무엇이 제일 잘 맞는지는 자신만이 안다."라고 했다.

랜디 포시 교수님의 책을 읽으며 내 삶과 다른 사람과 삶을 비교하지 않고 내가 가는 길에 조금 더 자부심을 가져야겠다고 다짐했다.

어렵다면 할 수밖에 없는 시스템을 만들자

3일에 1권은 책을 읽고 싶은데 잘 되지 않아서 한 주에 책 두 권을 읽는 독서 모임을 운영하기 시작했다. 혼자 해서 안 될 것 같으면 할 수밖에 없는 시스템을 만드는 것이 도움이 많이 된다. 그렇다면 할 수밖에 없는 시스템에는 어떤 것들이 있는지 나눠보려 한다.

첫 번째 방법은 모임에 들어가거나 내가 모임을 만드는 것이다.

최근에 전자책을 써보고 싶어서 목차까지는 적어뒀다. 하지만 우선적으로 해야 하는 일들에 계속 미뤄지는 바람에 이렇게 하다가는 영영 전자책은 쓰지 못하겠다는 생각이 들어서 사람들을 모아 〈전자책 30일 완성 챌린지〉를 함께 해야겠다 마음을 먹었다. 내가 모임 리더가 되면 보는 눈이 많아지니 쓸 수밖에 없는 상황이 될 것이고, 혼자 하는 것보다 다 같이 하는 것이 사기도 높아지고 힘이 될 것 같았기 때문이다. 그래서 인스타그램을 통해서 사람들에게 전자책/글쓰기 인증 모임을 만들어보려는데 참여를 원하는 분들께만 투표를 요청했더니 생각보다 많은 분들이 관심을 보이셨다. 꾸준히 하기가 쉽지 않다는 것에 많은 이들이 함께 공감하고 있었고, 이들도 함께 할 사람들을 찾고 있었다. 그렇게 전자책 30일 완성/ 글쓰기 인증 모임을 모집했고 총 10분이 신청해주셨다. 이렇게 본인이 모임의 리더가 돼서 할 수밖에 없는 시스템을 직접 만들 수도 있지만 혼자 하기 어렵다면 챌린지에 참여해주신 분들처럼 이미 만들어진 모임에 참여를 하는 것도 좋은 방법이다.

두 번째 방법은 많은 사람들 앞에서 약속하는 것이다.

많은 사람들 앞에서 혹은 많은 사람들이 보는 SNS에서 실천하겠다고 약속하면 많은 이들이 증인이 되어준다. 나 같은 경우는 거짓말쟁이로 낙인찍히고 싶지 않아서 많은 사람들 앞에서 말했던 것을 지키려고 더 열심히 하게 되었다. 그리고 여기에 언제 마무리할 것인지 마감 기한까지 더한다면 금상첨화다. 마감 기한을 정해두고 많은 사람들 앞에 선포하면 그 시간이 다가오면 올수록 마음에 압박이 크게 오기 때문에 할 수밖에 없게 된다.

세 번째 방법은 당근과 채찍이다.

나와의 약속으로 이 목표를 달성하면 내가 갖고 싶었던 선물을 나에게 선물해주는 방법이 있다. 하지만 효과가 더 좋았던 것은 채찍이었다. 채찍을 맞지 않기 위해서라도 하게 되는 효과가 있기 때문이다. 하기로 한 것을 하지 않았을 때의 벌칙을 정하는 것인데 이 방법은 많은 사람들 앞에 선포하는 방법과 함께 사용하면 더 좋다. 예를 들어 6개월 안에 6kg을 감량하지 못하면 50만 원을 벌금으로 내겠다고 한다거나 혹은 매일 글을 올리려고 하는데, 지키지 못한다면 아이돌 춤 커버 댄스를 영상으로 찍어 올리겠다고 벌칙을 약속하는 것이다. 이때, 자신이 약한 부분으로 벌칙을 정하면 효과가 좋다. 나는 주변의 반응에 신경을 많이 쓰는 편이기 때문에 내게 기대하고 있는 누군가를 실망시키는 것이 너무 싫다. 그래서 많은 사람들 앞에서 약속하고 선포하는 것이 내게 효과가 좋다. 이렇게 본인의 특성에 맞게 앞서 소개한 방법을 적절히 사용한다면 행동할 수밖에 없는 장치가 되어줄 것이다. 실질적인 행동만이 나를 변화시키고 발전할 수 있도록 한다. 내가 시도했던 모든 것의 시작은 다 미약하고 하찮았다. 하지만 작아서 눈에 잘 보이지 않는 눈송이도 굴리고 굴리다 보니 큰 눈덩이가 되어갔다. 지금은 아무 것도 아닌 것처럼 보이는 이 작은 시도들이 쌓여 큰 변화를 만들어갈 것이다. 나도 이 작은 시도들이 쌓여 큰 변화를 만들어갈 것을 믿고, 지금 할 수 있는 '1'에 최선을 다해보기로 결심한다!

...

자기계발을 위한
자기계발을 경계하기

행위가 인생이 되고 곧 운명이 되는 것입니다.
이것이 바로 우리 인생을 지배하고 다스리는 법칙입니다

– 톨스토이 –

이제껏 영어 과외, 아르바이트를 하며 한 푼 두 푼 모았던 돈의 80%인 1,000만 원이 훌쩍 넘는 돈을 전부 자기계발 교육과 강의 수강, 책 구매에 재투자했다. 심지어 그 교육들 중에는 이틀에 69만 원이나 하는 교육도 있었다. 모은 돈을 다 강의나 교육으로 재투자를 해오면서 '아차' 싶었던 순간들이 있었다. 머리로는 다 아는데 실제로는 내 삶에 변화는 없었던 순간이었다. 머리는 계속 커지는데 행동하지 않아서 몸은 삐쩍 마른 상태가 되어버린 것 같았다. 삐쩍마른 몸이 큰 머리를 감당하지 못하는 것은 당연했다.

나는 이것을 자기계발을 위한 자기계발, 교육을 위한 교육이라고 부른다. 행동 없는 독서, 행동 없는 자기계발은 머리만 크게 만들었고 머리를 지탱할 몸은 만들어주지 않았다. 나도 열심히 독서도 하고 책의 내용을 실천도 하며 성장했지만 어느 순간 안주하고 있는 듯한 느낌을 받은 적이 있었다. 아는 것은 많아지는데 정작 삶 속에서는 달라지는 건 아무것도 없었다. 강의도 듣고 책도 읽고 있으니 열심히 살고 있고, 무엇인가를 하고 있다고 생각했지만 실제로는 그건 진짜 하고 있는 것이 아니었다. 그래서 행동 없는 인풋을 특별히 경계하고 조심하게 되었다. 우리가 다이어트를 할 때 살을 빼기 위해서 음식을 절제하듯이 행동하기 위해서 책과 강의에도 적절한 다이어트가 필요하다. 그만큼 삶에서 배운대로 살아내는 것이 중요하다. 자기계발을 하는 것은 너무 좋지만 내가 하고 있는 자기계발이 실제로 실천하기 위한 자기계발인지, 자기계발을 위한 자기계발인지 한번 깊이 생각해보는 시간이 반드시 필요하다는 것을 깨달았다. 만약 지금이 선택과 집중을 해야 할 시기라면 다이어트하듯 인풋을(강의, 독서 등) 잠시 절제하고 '나의 분야'를 선택한 다음, 깊이 집중해보는 시간을 가져봐야 한다는 것이다. 나도 지금은 선택과 집중이 필요한 시기이기 때문에 이전처럼 많은 교육을 듣는 것은 조금 절제하고 있다. 대신에 내 분야에서 더 깊이 있게 전문성을 가지기 위해서 노력하고 있는 단계이다.

여러분은 어떤 단계에 속하는가? 만약 자기계발을 위한 자기계발을 하고 있는 것 같다면 자기계발에도 디톡스가 필요하다는 것을 기억해두자.

혹, 나처럼 선택과 집중이 필요한 시기라면 나와 함께 목적 있는 자기계

발을 한번 시작해보자!

· · ·

매일 조금씩
선명해지는 목표와 꿈

목표는 시간이 정해져 있는 꿈이다.
그 시한은 행동을 위한 시간표로 우리에게 꿈을 이루기 위한 행동을 하도록 해준다.

– 지그 지글러 –

내 목표가 실패할 수밖에 없었던 이유

인생에 목표가 없으면 바라보고 갈 수 있는 곳이 없기 때문에 길을 잃기가 쉽고 흘러가는 대로 살아갈 확률이 높아진다. 서울대학교 명예 교수이신 최성재 교수님은 〈매일경제〉 인터뷰에서 목표 설정의 중요성에 대해서 이렇게 말씀하신다. "목표 설정과 관련한 평범한 진리는 성공한 사람은 모두 목표를 가졌고 목표를 가진 사람은 성공했다는 것"이라며 "일단 목표가 설정되면 목표 달성을 향한 행동을 하게 되고 그 행동에 의미가 부여된다. 그리고 그 목표를 향하여 시간과 에너지를 집중하게 되고 목표 지향적 행동에 동기를 부여하게 된다."

목표를 설정하게 되면 그 목표에 맞게 어떤 행동을 취해야 할지 생각해보게 되고 그 행동에 의미를 가지게 되기 때문에 목표한 지점까지 도달하기 훨씬 쉬워진다. 우리는 새해가 되면 새로운 목표를 열심히 세우곤 한다. 하지만 대부분 시간이 지날수록 새해에 세운 목표는 흐지부지될 때가 많다. 나도 이제껏 크고 작은 목표를 세우고 달성도 해보고 실패도 하면서 끝에 결국 이루지 못했던 목표들은 하나 같이 아래와 같은 공통점이 있었다.

첫째, 정해진 기간에 이루기에는 무리가 있는 목표를 설정했다.

둘째, 목표를 위해 꾸준히 노력할 수 있을 만큼 내게 큰 의미가 있는 목표가 아니었고 '돈을 많이 벌 것이다'와 같이 수치화가 어려운 목표였기 때문에 내게 동기 유발이 되지 않았다.

셋째, 올해는 '날씬해지기!'와 같은 목표를 세워서 이뤘는지 못 이뤘는지 달성 여부를 측정할 수 없었기 때문에 실패할 수밖에 없었다.

넷째, 목표를 글로 써서 항상 의식할 수 있도록 하는 것이 중요한데 목표를 적어두고 자주 상기시키지 못했기 때문에 처음 설정했던 목표가 무엇이었는지 기억하기가 어려웠다.

다섯째, 목표와 계획 설정에 멈추지 않고 행동해야 되는데 행동을 지속하지 않았다. 이처럼 내가 실패했던 목표에는 문제점들이 반드시 있었다. 그렇다면 실패 없이 성공률을 높이는 목표 설정 방식은 어떤 것이 있을지 알아보자.

내 목표를 점검해보자! SMART 기법

내가 원하는 삶을 그려보고 꿈을 꾸는 것, 너무 좋다. 그리고 꼭 필요한 과정이다. 하지만 목표를 그리는 것에서만 멈추게 된다면 그저 상상에서만 그치게 된다. 막연하게 "작가가 되고 싶어."에서 멈춘다면 그저 꿈이나 선언에 그치게 되지만 "6개월 안에 목차와 제목을 구성하고 매일 2페이지씩 글을 적어서 출판사에 출간 제안을 해보겠다"는 구체적인 목표와 기한을 정한다면 꿈은 실제적으로 이룰 수 있는 목표가 된다. 이처럼 구체적인 목표와 기한을 정하고 여기에 실행을 더한다면 이룰 수 있는 목표가 완성된다.

SMART 기법은 조지 도란(George T. Doran)이 1981년에 처음 알린 목표 수립 기법이다.

약자	단어	설명	잘못된 예	좋은 예
S	Specific	구체적으로	나는 돈을 많이 모을 겁니다.	나는 2030년까지 5억을 확보할 겁니다.
M	Measurable	측정 가능하게	영어를 잘하고 싶어요.	토플 110점을 받겠습니다.
A	Attainable	달성 가능하게	운동을 열심히 할 거예요.	매일 아침 7시에 만보를 걷겠습니다.
R	Realistic	현실적으로	나는 인정받는 강사가 될 거예요.	나는 올해 500번 강의를 할 겁니다.
T	Time Limited	분명한 기한	언젠가는 카페 사장이 되고 싶어요.	2026년에 카페 사장이 될 거예요.

1) Specific – 목표를 구체적으로 설정한다.

목표는 명확하고 구체적일수록 이룰 가능성이 커진다. 내가 한때 세웠던 목표이기도 했지만 "언젠가 내 사업을 꼭 할 거야."라고 했을 때는 막연하기만 했던 것이 "2020년 3월에 사업자등록증을 내고 알리바바에서 생각한 원가와 조건이 맞는 공장을 5개 찾아볼 거야."라고 했을 때 결국 그대로 지킬 수 있게 되었다. 막연하게 목표를 설정하지 말고, 명확하고 구체적으로 정해보자.

ex) 블로그에 글을 자주 올릴 거야!! → 블로그에 주 3회 월, 수, 금에 독서하고 글을 남겨야겠어!!

2) Measurable – 목표를 측정할 수 있도록 설정한다.

목표는 숫자로 측정할 수 있어야 결과를 파악할 수 있고 목표한 방향대로 진행되어가는지 판단할 수 있다. 경영학자 피터 드러커는 "측정할 수 없는 것은 관리할 수 없다."라고 말하기도 했다.

ex) 나 진짜 무조건 다이어트해서 날씬해질 거야! → 나 6개월 안에 6kg 감량하고, 44사이즈를 입을 거야!

3) Attainable – 달성 가능한 목표를 세운다.

스스로 목표를 설정했다면 그것을 실현시킬 수 있는 방법을 생각해보고 달성할 수 있는 목표를 설정하는 것이 중요하다. 목표를 달성하기 위해서 처한 상황, 능력, 기술 그리고 금전적인 부분도 고려해보면서 달성 가능한 목표인지 생각해본다.

ex) 유튜브를 시작하기로 결심했는데 영상 편집을 배울 시간도 없고 편집자를 구하기에 금전적인 부분도 어렵다면 그 목표는 실현 가능하기 어려운 목표라고 할 수 있다.

4) Realistic – 현실적인 목표를 세운다.

월 100만 원을 버는 사람이 한 번에 '난 월 1억을 벌 거야'와 같이 너무 비현실적인 목표를 세운다면 이루지 못할 가능성이 크다. 나도 처음에 목표를 설정할 때 하루에 비현실적으로 너무 많은 일을 하는 것을 목표로 세워서 하루 동안 해야 할 것들을 다 하지 못하는 것이 반복된 적이 있다. 나와의 약속을 지키지 못했다는 것 때문에 스스로에 대한 신뢰도가 떨어져 자신감과 자존감이 낮아지는 악순환이 계속 반복되었다. 그래서 지나치게 이상적인 목표보다 현실적인 목표를 만들어가야 한다. 그것들이 쌓여서 커지는 것이다. 또 구체적인 계획을 세웠다고 하더라도 목표 달성까지 충분한 시간과 노력이 없다면 실현이 불가능하다.

ex) 이번 달 말까지 한 달 만에 15kg 감량할 거야! → 한 달 안에 식단 조절, 운동 병행해서 4kg 감량할 거야!

5) Time Limited - 기간을 반드시 정한다.

마감 시한을 정하는 것은 내가 목표를 설정할 때 가장 효과를 보고 있는 부분이다. 이 책도 언제까지 완성해야 된다고 출판사와 계약한 마감 시한이 없었다면 완성하지 못했을 것이다. 특별한 경우를 제외하고는 기간이 정해져 있지 않는 목표는 사실 아무런 의미가 없다. 기간을 정해두지 않으면 '나중에 하면 되지~' 생각하고 계속 미루게 되기 때문이다. 그래서 목표를 설정할 때는 언제까지 달성할 것인지 마감 시한을 정하는 것이 반드시 필요하다.

하지만 혼자 어떤 일을 계획할 때는 마감 시한을 정해둔다고 해도 지켜지지 않을 가능성이 높기 때문에 많은 사람 앞에 목표를 공개한다든가 스터디나 소모임을 만들어서 기간을 정해두고 한다든지 하는 장치를 만들어서 함께 목표를 설정하고 해보는 것이 필요하다.

우리의 의지는 우리가 생각하는 것보다 자신을 통제할 만큼 크지 않다는 것을 기억하자!

ex) 언젠가 책을 낼 거야. → 3월 30일까지 목차와 책 제목, 저자 소개를 적어볼 거야!

···

오늘 하루의 우선순위
5가지 정하기

성실성을 가지고 행동하는 것의 핵심은 게임을 딱 그만두는 것이다.
양심뿐 아니라 우리 자신의 반응에는 귀를 기울이는 것을 배우라.
… 합리화하지 말라. 정당화하지 말라. 그냥 해야 할 것을 하라.

– 스티븐 코비, 『소중한 것을 먼저 하라』 –

휴학을 시작하고 나서 누군가가 나를 관리해주는 것이 아니었기 때문에 하루를 낭비하지 않기 위해서는 철저한 시간 관리가 필요했다. 처음에는 시간 관리가 잘 안 돼서 하기로 한 것을 다 끝내지 못하기도 했다. 그래서 시간 관리를 좀 더 효율적으로 하고 싶은 마음에 강의도 들어보고 시간 관리에 대한 책을 10권 이상 읽어보니 그 책들에서 하나같이 공통적으로 이야기하는 부분이 있었다. 그것은 바로 오늘 해야 할 일을 정한 다음, 우선순위를 매겨서 가장 중요하고 급한 것부터 하나씩 해나가라는 것이었다. 그리고 그 하나의 일을 끝내는 동안 다른 일을 시작하지 말라고 이야기했다.

세계적인 비즈니스 컨설턴트인 브라이언 트레이시는 그의 저서인 『개구리를 먹어라』에서 "오늘 해야 할 일 중에서 가장 중요하지만 가장 하기 싫은 일부터 먼저 끝내라"고 이야기한다. 그래서 나는 하루 시작 전에 오늘 꼭 해야 할 일을 5가지 정도 적고 우선순위를 정한 다음, 하나씩 해나가는 방법을 사용한다. 또 할 일을 할 때 뽀모도로 구글 시계를 통해서 1시간 단위로 시간 제한을 해두고 일을 한다. 시간 제한을 해두면 시간이 얼마큼 남았는지 눈으로 확인할 수 있기 때문에 훨씬 더 집중력 있게 몰입할 수 있다.

또 내가 시간 관리 다음으로 힘들었던 것은 할 일을 미루고 미루다가 결국에는 회피하고 싶은 마음이 드는 것이었다. 가끔 낙심되는 일이 있거나 기분이 다운되다 보면 '할 일을 왜 꾸준히 못 한 거야. 왜 그랬지 내가?' 하면서 곱씹고 자책하다가 당당하고 자신감 있던 모습에서 자신감이 하나도 없는 상태가 되었다. 이 책을 적으면서도 하루 목표한 치를 못 쓰는 일이 발생하면 자책하게 되고 그래서 또 다른 일까지 미뤄져서 우울해지고를 반복하니 그 상황을 아예 회피하고 싶기까지 했다.

이러한 나의 반복되는 행동 패턴을 제3자 입장에서 바라보다 보니 인사이트를 얻을 수 있었고 적용해보니 효과가 있었다. 그래서 그 방법을 여러분께도 공유하려고 한다.

첫째, 자꾸 미루게 되는 일이 내게 근본적으로 어떤 의미가 있는지, 그 일을 '왜' 하기로 한 것인지 생각해보는 것이다. 예를 들어 나는 강의 준비를 계속 미루게 된 적이 있었다. 그래서 '이 강의가 내게 어떤 의미를 주는가?' 생각해봤다.

ex) 대단하지 않은 내가 불확실한 미래, 막막함 속에서 온전한 나를 찾고 비전과 사명, 소명을 찾아 도전해온 이야기가 청중으로 하여금 '나도 할 수 있겠다'는 용기와 희망으로 다가간다면 기쁘겠다는 마음이 들었다.

둘째, 미루게 되는 일을 하지 않고 회피한다면 일어날 수 있는 대가를 계속 의식한다. 그리고는 눈을 딱 감고 일단 시작하는 것이다.

ex) 강의 준비를 계속 미룬다면 강의 하루 전날 미룬 내 자신을 또 자책하면서 강연 자리에서 제대로 망신당할 수 있다.

셋째, 내게 가장 중요한 일이 무엇인지 우선순위에 따라 생각하고 나의 행동을 순서대로 해나간다.

ex) 내게 지금 가장 중요한 일은 영어 공부도, 독서도 아닌 책을 쓰는 일이다. 새벽 5시에 일어나서 목표한 분량까지 집중해서 가장 먼저 쓰고 나머지 일들을 순차적으로 해나간다.

이 3가지의 방법으로 계속 미루고 좌절하고를 반복하던 악순환을 끊고 목표한 분량을 겨우 다 써갈 수 있었다. 여러분들 중에서도 시간 관리와 미루는 습관 때문에 고민하고 계셨다면 이 방법을 적용해보시고 꼭 효과적인 시간 관리를 해내시길 바란다!

인생의 멘토를
만나는 법

수영을 하면서 수영하는 법을 배운다.
용기를 내면서 용기 내는 법을 배운다.

– 매리 데일리, 『브레네 브라운의 인용』 –

출간 제의를 받지 않고, 우선 글부터 썼다

작가가 돼서 책을 쓰고, 많은 사람들 앞에 서서 강연을 하고 싶다는 꿈
이 있다고 처음으로 주변에 말했을 때 사람들은 내게 "그게 된다고? 그
러려면 일단 졸업하고 석사 과정부터 하면 어때? 일단 취업을 하고 차근
차근 준비해보면 어떨까?"라고 말했다. 원래 다니던 대학의 교수님은 내
게 주기적으로 연락을 주셔서 한국 사회에서는 반드시 대학이 필수기 때
문에 적성에 맞지 않더라도 계속 다니라고 말씀하셨다. 휴학생에게도 관

심 가져주시고 신경 써주시는 것은 너무 감사한 일이지만 나는 내가 가야 할 길에 필요하다고 판단이 되면 대학은 그때 가도 늦지 않다고 생각했다. 그래야 내가 더 열심히 그 대학 공부에 임할 수 있을 거고 그냥 하는 공부가 아닌 진짜 목적 있는 공부를 할 수 있을 거라고 생각했기 때문이다.

하지만 내가 꿈을 찾는 여정에서 만나 뵙게 된 한 멘토님은 내게 오히려 나의 꿈을 포기하지 말라고 하셨다. 온전한 나를 찾아온 여정으로 글을 일단 써보는 게 어떠냐며 인스타그램이나 블로그에도 글을 꾸준하게 적으라고 조언해주셨다. 또 세상이 날 알아주지 않더라도 나는 계속 세상에 신호를 보내야 한다고 말씀해주셨다. 그리고 정말 감사하게도 다른 작가님을 소개시켜주시며 그분과 미팅을 할 수 있도록 자리를 마련해주셨다.

그 작가님께서는 내가 어떤 방식으로 목차를 쓰면 되는지 어떤 책을 참고해보면 좋을지를 알려주셨다. 그래서 나는 일단 원고를 쓰기 시작했다. 다른 책들은 어떻게 목차를 구성했는지 참고하며 책의 목차도 구성을 마쳤다. 하지만 원고를 다 써도 출판사에서 출간을 해줄지 안 해줄지는 전혀 알 수가 없었다. 출판사에 투고를 해서 안 되면 어쩔 수 없는 상황이었지만 일단 보내보는 것까지는 나의 몫이었기 때문에 최선을 다해서 매일 1장에서 2장씩 글을 적었다. 원고의 30% 정도를 적은 다음 기획서를 써서 1000곳이 넘는 출판사에 이메일을 보냈다. 거절하는 메일도 많이 받았다. 하지만 몇 군데에서 출판을 해보자며 연락이 왔고 그 결과 이렇게 책을 출판할 수 있게 되었다.

만약 내가 다른 사람들이 "그게 될 거 같아?" 하는 이야기에 휘둘렸다면 먼저 원고를 적어보려는 시도조차 하지 못했을 것이다. 하지만 이미 내가 원하는 길을 살아내고 계시는 멘토님께 책을 써보면 어떠냐는 이야기를 들었을 때 흘려듣지 않고 시도해봤기 때문에 이렇게 책을 쓰는 시도도 할 수 있었다. 그래서 좋은 멘토를 만나는 것은 참 중요하다. 도무지 어떻게 가야 하는지 몰라 방황하고 있을 때 먼저 앞서간 선배의 지혜로운 말 한마디는 정말 큰 도움이 된다. 대부분의 이들이 불가능하다고 하는 일을 누군가는 항상 이미 하고 있다는 것을 깨닫고 나서 나는 적극적으로 내 꿈을 살아내고 있는 사람을 찾아서 롤 모델을 만나려고 시도했다. 물론 혼자 방황해보는 시간도 굉장히 의미가 있다. 하지만 혼자 성장하려고 하면 조금 더 일찍 지혜롭게 도착할 수 있는 길도 돌아가는 수가 있다. '나의 꿈이 뭘까? 나를 찾으려면 어떻게 해야 할까?' 고민할 때에 혼자 고민하니 너무 막막했다. 시도해보는 것은 내 몫이지만 이 방법이 맞는지 아닌지를 확인할 길이 없었기 때문이다. 그런데 이미 자신의 길을 찾은 분들에게 여쭤보니 그 시행착오를 많이 줄일 수 있었다. 하지만 자신의 꿈을 이뤄가는 사람들, 성공한 사람들이 내가 혼자 고민하고 있는데 알아서 나를 찾아와 도와줄 리가 없다.

그렇다면 어떻게 그런 분들을 만나서 배울 수 있을까? 첫 번째는 관심 있는 분야에 내가 원하는 모습으로 이미 살아내고 계신 분들의 책을 찾아보는 것이다. 만나 뵙고 싶은 분들을 찾았다면 나는 먼저 만나 뵙고 싶은 롤 모델의 성함을 인터넷에 검색한다. 그 인터뷰에서 내가 궁금했던 질문들을 이미 답변해두신 경우도 많기 때문에 인터뷰 기사로도 충분히 도움을 받을 수 있었다.

두 번째 방법은 만약 직접 만나 뵙고 궁금한 점을 여쭤보고 배우는 것이다. 이메일이나, 개인 채널로 연락을 드리면 된다. 책 SNS 앞에 저자 소개 하단에 웬만하면 저자의 이메일 주소, 개인 SNS 채널 주소를 기재해두기 때문에 확인해보고 보내볼 수 있다. 하지만 이메일을 드릴 때 주의할 점이 있다. '저는 이런 힘든 상황입니다. 당신의 도움이 필요합니다. 그러니까 도와주세요.' 이러한 메일은 회신이 안 올 가능성이 매우 높다. 우리가 만나 뵙고 싶어 하는 분들은 다른 사람도 만나고 싶어 하기 때문에 이러한 메일을 하루에 수백 통을 받는다고 생각해야 한다. 그래서 상대방의 입장에서 생각하는 게 중요하다. 그런 메일을 보냈다고 해서 그 분들이 나를 도와줘야 할 의무는 없다는 것을 기억해야 한다. 그렇다면 이메일을 어떻게 보내면 좋을까?

첫째, 나는 내가 어떻게 살아왔는지 어떠한 비전을 가지고 있고 어떠한 노력을 해왔는지, 왜 이메일을 보내게 되었는지 자세하게 메일에 함께 적었다. 이것을 통해 앞으로 내가 어떤 가능성이 있는지 말씀드리는 것이고 내게 시간을 투자할 가치가 있음을 보여드리는 것이다. 또한 인터뷰 요청을 할 때, 저자의 책을 읽고 어떤 삶의 변화가 있었는지 구체적으로 적고 감사함을 함께 표시하면 좋다. 독자에게 책이 정말 도움이 되었고, 그 책을 통해 삶에 긍정적인 변화가 있었다는 것을 기뻐하지 않을 작가는 없을 것이다.

두 번째는 내가 어떤 도움을 드릴 수 있을지 상대방의 관점으로 생각해보는 것이 중요하다. 물론 그분들과 비슷한 영향력으로 좋은 시너지를 주고받을 수 있는 것이 가장 좋겠지만 당장은 어려운 일이기 때문에 내가 보탬이 될 수 있는 방법이 무엇일지 생각해보면 좋다. 나는 내가 운영하고 있는 유튜브 채널에서 작가님의 책을 소개해도 되겠냐고 여쭤보기도 했다. 최대한 그 인터뷰 내용을 많은 사람이 볼 수 있도록 할 수 있는 방법을 생각해보는 것도 좋은 방법이다. 내가 도움 받은 것처럼 다른 사람에게도 멘토님을 알리고 다른 이들도 함께 도움 받을 수 있다면 그건 참 값진 일이기 때문이다. 나도 연락드린 멘토님과 인터뷰를 하고 나면 반드시 인스타에도 후기를 정성껏 적어 올리고 블로그에도 인터뷰에서 나눈 내용을 적어서 포스팅한다. 그렇게 하는 것이 나를 위해 귀한 시간을 내주신 분들을 향한 작은 예의라고 생각하기 때문이다.

만약 롤 모델 인터뷰가 잡혔다면 인터뷰 전과 후로 반드시 준비해야 할 것이 있다.

1. 질문 리스트 준비하기

질문 리스트를 준비할 때는 만나 뵙고 싶은 멘토님의 책과 인터뷰 기사를 읽어보고 정리해서 가는 것을 추천한다. 나는 한 멘토님을 만나 뵈러 갈 때 당시에 쓰신 책 3권을 다시 정독하고 갔는데 그 말씀을 드렸을 때, 좋아해주셨던 기억이 있다. 이렇게 했을 때 같은 질문이 반복되는 것을 피할 수도 있고 멘토님이 어떤 인생을 살아오셨는지 자연스럽게 알 수 있기 때문에 질문 내용과 대화 내용이 훨씬 풍성해질 수 있다.

2. 메모하며 경청하기

인터뷰 중에도 내게 해주시는 말씀을 메모에 기록하며 듣는 자세가 필요하다. 나를 위해서 귀한 시간을 내어주시는 것이기 때문에 그 시간에 보답하고자 열심히 경청하고 있음을 알려드리는 것이다.

3. 감사의 마음 전하기

인터뷰가 끝나고 나서는 반드시 어떠한 부분들이 도움이 되었고 좋았는지 구체적으로 진심을 담은 감사의 메시지를 전달 드리는 것을 추천한다. 나를 위해 내어주시는 그 시간은 당연한 시간이 아니다. 내가 어떻게 도움을 드릴 수 있을지 상대방을 먼저 생각할 때 상대도 그 마음을 알아준다. 비록 아직, 큰 도움을 드릴 수 있는 것은 아니지만 진심으로 위하는 마음은 사람을 감동시킨다. 그리고 내가 책을 쓸 수 있었던 것처럼 만나 뵈었던 멘토님을 통해 늘 기회가 내게 주어졌다. 감사하게도 기회는 사람을 통하여 온다. 물론 인터뷰를 요청했을 때 거절당할 수도 있다. 내가 보내는 메일에 답신을 주신 분도 계시지만 읽고 답변이 없는 메일도 많았다. 처음에는 조금 속상했지만 후에는 당연한 일이라고 생각하기로 했다. 내 메일에 당연히 답신을 줘야 한다는 의무는 없기 때문이다. 하지만 내가 메일을 드리면 될 확률이 50%는 생긴다. 하지만 시도하지 않는다면 0%가 된다. 그 50% 확률마저도 얻을 수가 없다. 50%는 내 몫이지만 회신에 답변을 줄지 말지 나머지 50%는 그분들의 몫이다. 설령 답변이 오지 않는다고 하더라도 나는 내가 할 수 있는 '1'에는 최선을 다해보는 것에 의의를 두고 시도해보면 된다. 시도해보지도 않고 결과부터 단정 짓는 것은 너무 섣부르다. 그리고 또 다른 팁이 있다면 너무 유명한 분들보다는 이제 막 책을 내신 작가님이나 준전문가분들께 연락을 드리면 조금 더 답신이 올 가능성이 크다. 내가 도울 수 있는 선에서 그분들을 세상에 알려드리고 도와보자. 분명 당신의 마음이 전해질 것이다.

마지막으로 내가 선택했던 세 번째 방법은 꼭 만나 뵙고 싶은 롤 모델의 강연을 들으러 직접 가는 것이다. 질문이 있다면 Q&A 시간에 여쭤보면 된다. 또 그분들이 하는 교육 프로그램이 있다면 값을 지불하고 교육을 듣는 것도 좋은 스승을 만날 수 있는 좋은 기회다. 실제로 나는 내가 배우고 싶은 분들이 하시는 교육 프로그램을 들으면서 많은 것들을 배울 수 있었다. 그러면서 자연스럽게 멘토, 멘티 관계가 형성되어 진로나 방향성에 대한 고민이 있을 때마다 조언을 구했고 멘토님께서는 그때마다 내게 아끼지 않고 조언을 해주셨다. 하지만 조언을 듣고 그 조언을 듣는 것에서 그친다면 절대 변화는 있을 수가 없다. 그 조언을 반드시 실천할 수 있어야 한다. 꼭꼭 씹어 내 것으로 만들 때 큰 성장과 발전이 있었다. 이렇게 작은 용기 한 번 내는 것으로 인생의 멘토를 만나고 더 나아가서 귀한 인연을 이어갈 수 있다는 것은 정말 놀랍고 감사한 일이다. 당신이 만나고 싶은 인생의 멘토는 누구인가? 가고 싶은 대학원의 담당 교수님이실 수도 있고, 취업하고 싶은 회사에 이미 다니고 계시는 분일 수도 있다. 앞서 말한 대로 꼼꼼히 준비해서 만나 뵙고 싶은 분께 메일이나 메시지를 한번 드려보면 어떨까? 그 용기를 통해 분명 당신의 삶에도 멋지고 귀한 인연이 생길 것이다. 그리고 그 만남은 당신에게 또 다른 기회를 선물해줄 것이다.

목표를 세우고 점검해보자

앞서 나눠봤던 내용으로 자신만의 목표를 하나 세워보고, 실행력을 높일 수 있는 액션 플랜을 세워볼 것이다. 또 그 목표를 스마트 기법으로 점검해보자!

질문 1. 앞으로 당신이 1년 안에 이루고 싶은 목표는 무엇인가?

~~~~~~

~~~~~~

~~~~~~

질문 2. 그 목표를 작게 쪼개서 6개월, 3개월, 한 달, 일주일, 하루 단위로 목표를 작게 쪼개보자. 세워본 목표를 위해서 오늘 하루 동안 해야 할 일은 무엇인가?

~~~~~~

~~~~~~

~~~~~~

질문 3. 목표와 관련해서 당장 할 수 있는 액션 플랜 3가지를 세워보자.

질문 4. 언제부터 실천할 계획인가?

세워본 목표가 구체적으로(Specific), 측정 가능하게(Measurable), 달성 가능하게(Attainable), 현실적으로(Realistic), 분명한 기한(Time Limited), 이 다섯 가지에 잘 부합하는지 한번 살펴보자.

약자	단어	설명	잘못된 예	좋은 예
S	Specific	구체적으로	나는 돈을 많이 모을 겁니다.	나는 2030년까지 5억을 확보할 겁니다.
M	Measurable	측정 가능하게	영어를 잘하고 싶어요.	토플 110점을 받겠습니다.
A	Attainable	달성 가능하게	운동을 열심히 할 거예요.	매일 아침 7시에 만보를 걷겠습니다.
R	Realistic	현실적으로	나는 인정받는 강사가 될 거예요.	나는 올해 500번 강의를 할 겁니다.
T	Time Limited	분명한 기한	언젠가는 카페 사장이 되고 싶어요.	2026년에 카페 사장이 될 거예요.

Remember who you are

타인의 평가는 우리의 존재를 좌지우지할 수 없다.

타인의 날카로운 비난에도

나는 내 스스로를 보호해야 한다.

2

роса:
— овальное, или полу-

ractum Al.) — ось длинная,
вному стержню, подушечек
или полукомовое (ovatum
нижние ветви отклонены, а
ся лишь у нижних ветвей;
аиболее короткая, прямая,
и короткими боковыми вет-

етелки проса и его биоло-
ак, просо с раскидистой ме-
устойчиво, отличается наи-
подвидов продвигается на
. Зерно сравнительно мел-
просо более теплолюбиво и
звития, крупным зерном и
самое теплолюбивое и за-

Раскидис
Развес
Сжато   Su
Ком

виды п
о степени обруш
чию или отсутст

Разно
роспо   о в
о трудне

Сорт
значите

мае
ре
о

севы
ции в
ставляла
тельно к пр
растений в на
няками и поражаю
Наивысшие урожаи этой

9—592

PART 7

Remember who you are

부족한
나를
사랑할래요

모든 날, 모든 순간
쓰는 일기의 힘

내가 책을 쓰거나 신문 기사를 쓸 수는 없더라도,
언제라도 내 자신을 위한 글은 쓸 수 있다.

– 안네 프랑크, 『안네의 일기』 –

3년 전부터 꾸준히 적고 있는 일기를 통해 정말 많은 도움을 받고 있다. 처음에는 꾸준히 적는 것이 익숙하지 않아서 쉽지 않았는데 그 효과를 스스로 경험하고 나니 많은 자기계발 서적에서 왜 그토록 일기를 권하는지 알게 되었다. 하루를 마무리하며 오늘 들었던 노래, 영감을 준 한 마디, 다른 이들과 나눴던 대화 중에 유난히 기억에 남는 내용, 하루를 되돌아보며 그 순간을 기록하고 생각해보는 시간을 가지고 일기를 적어두는데 그러한 감정과 느낌은 1년이 지나고서 읽어도 내게 큰 여운과 영감을 준다. '아, 이날은 이러한 일을 통해서 이런 것들을 느꼈구나.' 하며 당시에 느꼈던 감정을 다시 느끼게 되기도 하고 기억하고 싶은 순간을 시간이 많이 흘러서도 음미할 수 있게 되었다. 적어두지 않았다면 그냥 기억 저 뒤편에 있을 수 있었던 시간들을 기록해두는 것만으로도 다시 읽어볼 때에 내게 큰 선물처럼 다가왔다.

또한 '이런 실수는 반복하지 말자'며 나를 되돌아보는 기록을 통해서 똑같은 실수를 반복하지 않을 수 있도록 도와줬다. 가끔, 반복되는 일상이 무의미하게 느껴질 때도 한 줄이라도 일기장에 내 감정을 적었다. 기뻤는지, 슬펐는지, 때론 발전 없는 내 자신이 한심하게 느껴졌다든지, 속상했다든지, 지금 눈물을 참고 있다든지 하는 것 말이다. 그 감정을 한 글자 한 글자 그대로 적어가다 보면 '그래, 우여곡절은 있지만 지금 나는 나만의 스토리를 써나가고 있는 거야. 지금은 당장, 발전이 없는 것 같이 느껴지고 스스로 한심하게 보일지 몰라도 매일 나아가고 있어. 힘내서 한 걸음 더 나아가보자.'라고 다짐하며 힘을 얻을 수 있었다.

소속된 곳이 없었기 때문에 매일 목표를 정하고 해야 할 일을 스스로 정하고 해나가야 했는데, 오늘 해야 할 일을 다 해내지 못하면 '오늘 이것밖에 못했네…. 이러다가 나 진짜 망하는 거 아니야?' 하며 좌절하고 힘들어했다. 이러한 마음을 털어놓을 사람이 없어서 일기장에 털어놓으며 하루 동안 들었던 감정과 마음을 적었다. 그렇게 털어놓고 나면 마음이 한결 나아졌다. 별것 아니어 보이는 이 매일 적는 일기가 나로 하여금 스스로 소중하다고 느끼게 해주었다. 그리고 예전에 쓴 일기를 보면서 '예전보다 내가 이만큼 성장하고 성숙했구나!' 알 수 있는 성장의 지표가 되어주기도 했다. 또 있는 그대로의 내 모습을 사랑할 수 있도록 도와주었고 의미 없이 흘려보내는 삶이 아닌, 쌓아가는 삶을 살 수 있도록 해주었다.

3년 동안 매일같이 함께한 일기장

남의 평가에
휘둘리지 않기

남의 시선을 신경 쓰지 않는 것. 남들이 뭐라 하건 아랑곳하지 않고 자기 소신대로 살아가는 것.
이것은 매우 중요하다. 타인의 시선에 노예가 되어 살다가는 자신의 꿈을 쫓지 못하는 인생.
자신이 진정 원하는 사람이 되지 못하는 초라한 인생으로 남을지 모른다.

- 프레이저 도히터 -

인간은 불완전하기에 타인의 평가에 전혀 휘둘리지 않을 수는 없다.
하지만 건강하게 이겨내볼 수는 있다는 것을 깨달았다. 초등학교 6학년
때 따돌림을 당하던 친구를 도와주며 위로로 건네었던 말을 다른 친구
뒷담화를 한 것처럼 모함을 했다. 그 모함을 시작으로 내가 하지 않은 것
까지도 모두 다 내 탓이 되어버렸고 어제까지만 해도 함께 하하호호 하
던 친구들이 나를 욕하고, 미워했다. 철저히 혼자가 되어버린 것이었다.
이후에는 남 눈치도 많이 보게 되고 남의 시선도 필요 이상으로 신경 쓰
게 되었다. 그러니 타인의 평가에도 지나치게 흔들릴 수밖에 없었다.

하지만 한 가지를 깨닫고 난 이후부터 타인의 평가에서부터 조금은 자유로워졌다. 이전에 나는 타인의 평가와 나를 동일하게 여겼다. 타인의 평가가 좋으면 나의 존재를 인정받는 것만 같았고, 타인의 평가가 좋지 않으면 내 존재 자체를 부정당하는 것 같았다. 타인의 평가에 따라 내 존재가 의미 있었다가 없었다가를 반복했다.

마치 타인의 평가에 따라 나는 롤러코스터를 타는 듯했다. 하지만 나의 존재와 타인의 평가는 직결되어 있지 않다는 것을 깨닫고 나서부터는 타인의 평가에 따라 좌지우지되는 것에서부터 조금은 자유롭게 되었다. 누군가 내게 비난의 말을 했다고 해서 그것이 내 존재를 뒤흔드는 것이 될 수는 없다. 물론 기분도 나쁘고 마음도 아프지만 그 비난이 '나'를 설명하는 것은 아니기 때문이다.

타인의 평가는 우리의 존재를 좌지우지할 수 없다. 타인의 날카로운 비난에도 나는 내 스스로를 보호해야 한다. 하지만 나는 그러지 못했다. 계속 곱씹으며 그 날카로운 비난으로 나를 몇 번이고 더 찔렀다. 찌르면 찌를수록 내 마음은 더 상처투성이가 되었다. 날카로운 비난이 나를 찌르도록 그대로 내버려 두지 말자!

'나'에 지나치게
집중하지 말 것

당신을 다른 사람과 비교하지 말고,
오직 어제의 당신하고만 비교하라.

– 조던 피터슨, 『12가지 인생의 법칙』 –

나는 홈스쿨링을 포함한 지난 6년의 시간 동안 남들이 잘 가지 않는 않은 길을 걸어오면서 어떻게 하면 남의 시선을 이겨내고 더 나답게 살 수 있을지 대해 정말 많이 고민하고 생각했다. 또 관련된 여러가지 책과 강의를 들으며 적용해 본 결과 남의 시선과 열등감에서 자유로울 수 있는 방법 몇 가지를 알게 되었다. 그래서 이 장에서 함께 나눠보려 한다.

첫 번째는 역설적이게도 '나'에게 지나치게 집중하지 않는 것이다. 모든 신경이 '나'에게 너무 집중되어 있기 때문에 내가 '나'를 생각하는 것만

큼 남도 내게 관심이 있을 거라 생각한다. 하지만 다른 사람들은 실제로
는 '나'에게 별로 관심이 없다. 나와 관계없는 것을 관계 있다고 생각하는
것을 '관계 사고'라고 한다.

〈정신의학신문〉에서 허규형 정신건강의학과 전문의는 "관계 사고는
평소의 콤플렉스나 트라우마와 관련이 있는 것이 많다"며 "다른 사람들
은 나에게 큰 관심이 없고 나를 쳐다본다고 해도 큰 의미 없이 쳐다보는
경우가 대부분"이라고 말씀하신다. 나도 사람이 많은 장소에 가면 '저 사
람이 나를 싫어하는 것 아닐까? 나를 왜 쳐다보지? 내가 뭐 잘못했나?'라
고 생각하며 힘들어했다. 하지만 사람들은 내가 '나'를 생각하는 만큼 내
게 관심이 없다는 것을 기억해야 한다는 것을 알게 되었다. 두 번째 방법
은 나만의 정체성을 분명하게 하는 것이다. 세상은 끊임없이 "너 이거 좀
고치면 쟤보다 순위 좀 올라가겠다"와 같은 메시지를 우리에게 보낸다.
하지만 이건 틀렸다. 그토록 남의 눈치를 많이 보고 남의 시선에 두려워
하던 내가 그것으로부터 자유로울 수 있었던 방법은 내가 이 세상에서
해야 할 일, 나의 소명을 발견했기 때문이다. 온전한 나를 찾고 나니 더
이상 남의 시선이 내게 중요하지 않게 되었다.

나만이 할 수 있는 일, 내가 이 땅에서 왜 존재하는지 그 의문이 풀리고
나서는 남의 시선, 열등감으로부터 자유해질 수 있었다. 온전한 나를 찾

는 여정에서 내가 좋아하고 잘하는 일, 나의 선물을 발견했다면 '내'가 아닌 다른 사람들을 위해서 계속 그 강점을 사용해보자. 다른 이들을 위해 사용해본다면 내가 그랬던 것처럼 내가 이 땅에 왜 존재하는지 조금씩 알게 될 것이다.

마지막으로 세 번째 방법은 '영원하지 않은 기준'으로 나를 바라보지 않는 것이다. 남의 시선에 지나치게 좌지우지되거나 열등감을 가지는 것은 결국 남을 나보다 우등하게 여기고 나를 더 열등하게 느끼는 것에서부터 오는 것이다. 세상은 끊임없이 내 존재 가치를 끌어내리고 폄하하며 줄 세우기로 우열을 가린다. 그렇다면 우열을 가리는 그 기준은 과연 절대적인 기준일까?

몇 해 전만 해도 노량진에는 자리가 없을 정도로 공무원 준비를 하는 사람이 많았다. 그래서 나도 간호 대학을 졸업하고 간호직 공무원을 해야 하나 고민했었다. 하지만 지금은 이전보다 공무원을 향한 열기가 식었다. 유망해 보였던 직업도 몇 해가 지나니 그 기준이 변한다. 나도 언제든지 변할 수 있는 기준으로 나를 바라봤을 때는 남의 시선을 더 의식하고 더 우등해지기 위해서 애쓰다가 열등감에 허덕였다.

하지만 나를 한 인격의 독립체로서 존중해주시고, 끝까지 믿어주고 지지해주는 부모님의 사랑, 잘될 거라며 늘 믿어주시고 내가 잘되길 바라는 마음으로 도움 주시는 멘토님의 마음처럼 변하지 않는 기준으로 나를 바라보니 나는 참 귀한 존재라는 사실을 깨달았다. 영원하지 않을 기준에, 언제든지 변할 수 있는 것들에 마음을 두지 말자. 그러한 불완전한 기준이 나를 재단하도록 허락하지 말자. 그러기에 당신은 너무나도 소중하다.

····

껍데기에
집중하지 말 것

아름다운 입술을 갖고 싶으면 친절한 말을 하라. 사랑스런 눈을 갖고 싶으면 사람들에게서 좋은 점을 보아라.
날씬한 몸매를 갖고 싶으면 너의 음식을 배고픈 사람과 나누어라. 아름다운 머리카락을 갖고 싶으면 하루에 한 번
어린아이가 너의 머리를 쓰다듬게 하라. 아름다운 자세를 가지고 싶다면 너 자신이 혼자 걷고 있지 않을까 명심하라.

– 오드리 햅번 –

성경에는 "네 이웃을 네 몸과 같이 사랑하라"는 구절이 있다. 이웃을
사랑하라는 이야기지만 앞에 '네 몸과 같이'가 붙는다. 여기서 나는 나를
먼저 사랑할 수 있어야 나를 사랑하는 만큼 또 남도 사랑할 수 있다는 것
을 깨달았다. '사람이라면 본성이 당연히 자신을 남보다 더 소중하게 여
기고 자신을 가장 사랑하는 게 당연한 것 아니야?'라고 할 수 있겠지만
본인을 온전하게 사랑하지 못하는 사람들, 자신의 소중한 가치만큼 본인
스스로를 소중하게 대해주지 않는 사람도 정말 많다는 것을 알게 되었
다. 나도 내 스스로를 자꾸만 부정적인 시선으로 보게 되어 자존감이 낮

아질 때도 있었고, 남들과 비교하며 나를 채찍질하고 스스로를 미워하기
도 했다.

　내 자존감이 왜 이렇게 낮아졌을까 생각해보니 내가 집중하고 있는 것
은 다름 아닌, 나의 껍데기였기 때문이다. 여기서 껍데기는 나의 외모,
능력, 학벌과 같은 겉 모습을 이야기한다.

　"이 부분이 조금 더 개선되면…."
　"능력이 이 정도 되면…."
　"살 조금만 더 빼면…."

　스스로에게 이러한 조건들을 계속 붙이며 내가 더 나아지면 나 스스로
를 사랑해줄 수 있다고 생각했다. 하지만 더 좋은 껍데기가 되는 것에는
끝이 없었다. 하나가 나아지면 또 다른 흠이 보였다. 결국 껍데기가 더
나아지는 것에서는 만족을 얻을 수 없었다. 좋아도 '반짝' 좋고 말았다.
요즘 서점에 '자존감 높이는 방법'에 관련된 주제가 큰 이슈가 될 만큼 사
람들이 자존감을 높이는 방법에 대해 관심이 많은 것 같다. 나도 심리 상
담을 받아본 적이 있지만 내가 경험한 바로는 자존감은 근본적인 것이
해결되지 않으면 달라지지 않는다는 것이었다.

　많은 자기계발서에서 말하듯 습관이나 매일 반복하는 루틴 혹은 자기
관리 하는 것도 어느 정도 도움이 될 수는 있지만 자존감 문제를 근본적

으로 해결할 수 있는 최선의 방법은 아니다. 만약 습관이나 루틴을 매일 반복하지 않거나 자기 관리를 잠시 하지 않으면 다시 낮아져버릴 자존감이기 때문이다.

그럼 근본적으로 자존감을 해결하려면 어떻게 해야 할까? 나는 오히려 껍데기에 집중하면 할수록 자존감을 회복하기 어려웠다. 하지만 태어났을 때 원래의 내 본 모습, 있는 그대로의 내 모습에 집중할수록 나의 자존감은 회복되어 가기 시작했다. 내 존재가 얼마나 귀한지 비로소 깨달을 때, 그것이 나의 껍데기에서 비롯된 것이 아님을 알게 될 때, 그렇게 내 모습 이대로 얼마나 사랑받기 충분한 존재인지 알게 될 때 자연스럽게 내 자존감이 높아졌다.

나를 있는 그대로 받아들여주자. 자격과 조건이 있는 사랑은 진짜 사랑이 아니다. 당신은 조건이 덕지덕지 붙어야 사랑받을 수 있는 존재가 아니다. 그냥 그 존재 자체만으로 귀한 것이다. 당신이 좋은 성과를 냈기 때문이, 성적이 좋았기 때문이, 예쁘기 때문이, 좋은 회사에 다니고 있기 때문이 아니다. 당신의 본래의 모습, 오리지널 디자인(Original Design) 자체가 본래 너무나도 귀하기 때문이다.

내 모습
이대로

당신은 세상에 하나밖에 없는
존재임을 명심하라.

– 데일 카네기, 『데일 카네기 자기관리의 품격』 –

인생을 살아가면서 우리는 포장지를 한 겹, 두 겹씩 점점 두껍게 덧입게 된다. 단점이 있으면 가리기 위해 포장지를 입고, 원래의 내 모습보다 조금 더 나은 사람처럼 보이려고 "나는 정말 괜찮은 사람입니다!" 하며 포장지를 덧입는다. 키가 작으면 키 높이 구두를 신고, 주근깨가 있으면 화장을 두껍게 해서 가리는 식으로 말이다. 내게 그러한 포장지를 계속 덧입었던 부분은 어린 나이와 전문성 그리고 학력이었다. 대학도 1년 일찍, 19살에 입학을 해서 동기들에게 무시당할까 봐 그리고 지금은 술을 하지 않지만 그때는 동기와 같이 술을 먹고 싶은데 먹지 못할까 봐 19살이라고 솔직하게 말을 하기가 어려웠다. 그래서 나는 8월생인데도 불구하고 빠른 년생이라고 거짓말을 했다. 대학을 휴학하고 나와서도 '메신저가 되려면 전문 분야가 있어야 하는데… 또 세상에서 1인 기업가로 살아남으려면 전문가가 되어야 하는데 난 나이도 어리고 학교까지 나왔다는 이야기를 밝힌다면 사람들이 나를 전문가로 봐주지 않을 거야.'라는 두려움 때문에 더더욱 포장지를 두껍게 할 수밖에 없었다. 하지만 포장지를 두껍게 하면 할 수록 내가 아닌 것 같았다.

존스 홉킨스 대학의 소아정신과 지나영 교수님께서는 "우리는 원래 '너는 그 단점과 함께 가치가 있는 사람이야.'라는 이야기를 들어야 한다."며 "그래서 오히려 내 단점처럼 보이는 것들을 더 확 까버리고 호두 껍데기 안에 있는 나는 별이고 꽃이다! 어쩔 건데?" 하는 자세를 취해야 한다고 조언하신다.

교수님의 말씀을 듣고 나도 두껍게 입고 있던 포장지를 벗어던지기로 결심했다. 오히려 나의 아픔과 약함을 드러내고, 어려움에 맞닥뜨렸을 때 어떻게 극복해왔는지, 온전한 나를 찾기 위해서 어떤 과정을 거쳤는지 사람들에게 이야기하기 시작했다. 그리고 나서 놀라운 일이 일어나기 시작했다. 어떤 한 분은 내게 메시지를 보내왔다. 혼자 유학을 하면서 참 많이 힘들었을 때 교회 목사님의 기도와 사랑 덕분에 살았는데 나의 메시지는 자신을 살린 목사님이 떠오르게 한다고 했다. 그리고 '내 하루가 그래도 살아볼 만한 가치가 있는 삶일 수도 있겠다'는 희망을 준다고 했다. 그리고 나의 이야기를 읽으면서 잊었던 본인의 소명을 다시 생각해 보는 계기가 되었고 앞으로 자신만의 고유한 목적을 따라 살아야겠다며 감사하다고 이야기했다. 나의 아픔과 이야기가 누군가에게 위로가 되고 살아갈 힘을 준다는 것은 감사한 일이었다.

오히려 꽁꽁 숨기려 했던 나의 약함을 드러냈을 때 다른 이들의 마음을 울리고 그들의 아픔을 더 가까이에서 위로할 수 있었다. 두껍게 입고 있던 포장지를 하나하나 내려놓을 때 나의 약함이 오히려 강함이 되었던 것이다.

나의 약함을 인정하고 드러낼 때

20세기 문학의 거장이자 일본의 국민 작가로 여러 차례 노벨문학상 후보에 노미네이트 된 엔도 슈사쿠는 말했다.

"인간이 모두 아름답고 강한 존재가 아니라는 것은 살다 보면 누구나 느낄 수 있다. 타고난 성격이 소심하거나 나약한 사람도 있고 걸핏하면 우는 사람도 있다. 하지만 그런 소심하고 나약한 자신의 약점을 등에 지고도 전력을 다해 아름답게 살아가고자 하는 모습은 얼마나 훌륭한가."

쉽지 않은 삶 속에서 내 자신조차 내 편이 아니고, 때론 더 혹독하게 나를 채찍질하며 남들에게 보이는 이미지만 중요시할 때가 얼마나 많은지 모른다.

엔도 슈사쿠는 자신의 저서 『나를 사랑하는 법』에서 사람이 사람다울 수 있는 한 가지 요소를 자신의 약점을 인정하는 '열등감'이라고 말한다. 그는 남들에게 강하게 보이려고 무리해서 노력하지 않고 자신을 있는 그대로 인정하고 나약한 점을 유리하게 바꿔보자는 발상의 전환으로 비로소 이 열등감에서 벗어날 수 있게 되었다고 했다. 당신을 유난히 약하다 느끼게 만드는 당신만의 약함은 무엇인가. 엔도 슈사쿠의 말처럼 남들에게 강하게 보이려고 무리해서 노력하지 말고, 조금 부족하더라도 있는 그대로의 내 모습을 받아들여주는 것은 어떨까.

나의 약함을 인정하고 드러낼 때 오히려 강해졌던 그 역설이 나의 열등감을 이길 수 있는 유일한 방법이란 것을 다시금 깨달았기 때문이다.

MEMO

꽁꽁 숨기려 했던 나의 약함을 드러냈을 때

다른 이들의 마음을 울리고

그들의 아픔을 더 가까이에서 위로할 수 있었다.

이 책을 마무리하며

　책 쓰는 과정을 마무리한다는 것이 과연 가능할까, 까마득하기만 했었는데 이렇게 마무리할 수 있어서 참 기쁘다. '내가 앞으로 해야 할 일은 무엇일까? 나는 왜 이 땅에 있는가?', '나는 태어날 때 어떤 고유한 선물을 가지고 태어났는가?'

　치열히 고민했던 과정을 독자분들과 나눌 수 있어서 참 감사하다. 온전한 나를 찾아온 이 여정이 독자분들의 고유한 목적을 찾아가는 여정에서도 도움이 되기를 기도한다.

　책을 다 구성하고 나서 우연한 기회로 뮤지컬 〈라이언 킹〉을 보게 되었다.

　어린 사자 '심바'는 프라이드 랜드의 왕인 아버지 '무파사'를 삼촌 '스카'의 음모로 잃고 왕국에서도 쫓겨난다. '심바'는 자신이 왕이라는 것을 잊은 채, 하루하루 살아가는데 그때 아버지 '무파사'가 '심바'에게 나타나 하는 말은 내 마음에 큰 감동을 주었다.

무파사

"You have forgotten who you are and so forgotten me."

네 자신을 잊는 건 애비를 잊는 것.

"Look inside yourself, Simba."

네 안을 들여다보렴, 심바.

"You are more than what you have become."

넌 지금보다 더 잘될 잠재력이 있어.

"You must take your place in the Circle of Life."

생명의 순환에서 너의 자리를 찾아야 한단다.

심바

"How can I go back?"

제가 어떻게 돌아가요?

"I'm not who I used to be."

예전의 제가 아닌 걸요.

무파사

"Remember, who you are."

네가 누구인지 기억해.

"You are my son and the one true king."

넌 나의 아들이야. 그리고 진정 유일한 왕이지.

"Remember, who you are…."

네 자신을 잊지 마렴….

이 장면을 보면서 다시금, 내가 이 책을 쓰기로 결심했던 목적을 생각해볼 수 있었다. 낮은 자존감과 피해의식, 상처로 가득했던 내가 나의 소명과 가치를 깨닫고 자존감을 회복할 수 있었던 것처럼 '이 책을 읽고 있는 당신이 얼마나 귀한 존재인지 깨닫고 당신 안에 있는 가치를 발견할 수 있게 되었으면 좋겠다' 하는 마음으로 시작한 일이었다.

그 목적을 다시 되새기는 것만으로도 이 책을 계속 써갈 수 있는 힘과 용기가 되어주었다. 바람에 흔들리는 꽃처럼 흔들리기도 했지만 그 바람은 나를 더 단단하고 담담하고 당당하게 뿌리 낼 수 있도록 했다.

추천사를 써주시기 위해서 내 책의 원고를 읽어보신 하형록 회장님께서는 내게 이렇게 말씀하셨다.

"제가 만일 대학 총장이라면, 대학 명예 졸업장을 수여하고 싶네요."

하형록 회장님의 말씀이 내게는 큰 선물처럼 다가왔다. 책의 집필을 마무리 하는 요즘, 간호학과를 함께 입학했던 동기들의 졸업과 취업 소식이 들리곤 한다. 남들과는 다른 길을 걸어오며 때론 외롭기도, 기쁘기도 했지만 그런 나의 모든 여정을 '참 잘 걸어왔다'고 위로하는 듯 원래 내가 졸업장을 받았어야 할 시기에 이 책이 출간 되었다. 참 감사하다.

이제는 인생의 한 챕터를 마무리하고 새로운 챕터로 나아가려고 한다. 내게 그랬던 것처럼 당신의 인생에도 이 책이 새로운 챕터로 들어서는 졸업장이 되어주길 바란다.

나는 꿈을 꿨고 하나님이 일하셨습니다. 나를 여기까지 인도하셨고 앞으로의 내 여정도 인도하실 주님께 이 모든 영광을 올려 드리길 원합니다.

감사드리며, 저자 김다은 올림

나를 찾는 여정에 도움이 될 책 추천 리스트

'나'라는 사람이 어떤 사람인지, 무엇을 좋아하고 잘하는지, 어떤 삶을 살고 싶은지, 내 삶의 목적은 무엇인지 인생의 방향성을 결정할 시기에 다독(多讀) 즉, 다양한 분야의 책을 많이 읽은 것이 내게 큰 도움이 되었다. 초반에는 내가 어떤 것을 좋아하고 잘하는지, 어떤 일을 할 때 깊은 기쁨을 느끼는지 잘 알지 못했기 때문에 세상에 어떤 가능성이 있는지 다양하게 간접 경험 하는 것이 중요한 시기였기 때문이다. 내가 어떤 것을 좋아하고 잘하는지, 내 내면이 원하는 것을 아직 더 찾을 시간이 필요한 독자분들은 다양한 분야의 수평 독서를 해보시길 권해드린다. 수평 (水平) 독서는 깊이를 추구하기보다 관심 분야를 계속 넓혀가는 독서를 말한다.

하지만, 현재 관심 있는 분야가 확실하다면 그 분야와 관련된 책을 깊이 읽는 수직 독서를 해보시길 권한다.

수직(垂直) 독서는 특정 주제에 대한 깊이 있는 독서를 이야기한다. 한 분야에 10권 정도 되는 책을 깊이 읽어보는 것이다.

좋은 책을 고르는 팁은 미리 읽고 싶은 분야의 책을 인터넷에 한 번 검색해보고 블로그 후기나 줄거리를 읽어보는 것도 도움이 된다. 책의 목차와 서문만 간단히 훑어보고 지금 나의 상황에 읽을 만한 가치가 있는 책인지 아닌지 어느 정도 생각해볼 수도 있다. 또, 본인이 존경하는 분이나 가고자 하는 길을 이미 앞서 걷고 있는 롤 모델이 추천해주는 책을 읽는 것도 많은 도움이 된다.

그래서 나는 롤 모델 인터뷰 진행을 하면 지금 내 상황에 어떤 책이 도움이 될 것 같은지 여쭤보기도 한다. 내가 가고자 하는 길을 이미 앞서가고 있는 분들께도 도움이 되었던 책이나 내게 도움이 될 책을 추천받고 읽는다는 것은 시간을 단축시킬 수 있는 최고의 방법이기 때문이다. 많이 사서 읽어보고 많이 접하다 보면 좋은 책을 고르는 안목도 자연스럽게 생기게 되는 것 같다.

또 독서를 하다 보면 책 안에서도 추천해주는 책들이 있는데 나는 이것을 '연결 독서'라 부른다. 연결 독서가 좋은 점은 작가님들이 먼저 다 읽어보고 좋았던 책들을 선별하여 추천해주는 것이기 때문에 괜찮은 책을 읽을 수 있는 확률이 훨씬 높아진다. 내가 초기에 많은 연결 독서로 성장할 수 있었던 것처럼 온전한 나를 찾는 여정을 걸어오며 초기에 나를 성장할 수 있도록 도와주었던 책을 독자님들께 추천해 드리려고 한다.

책 추천

1. 꿈을 찾는 데 도움이 됐던 책

- 『김미경의 드림온』, 김미경, 쌤앤파커스
- 『마음에 불을』, 정회일, 열아홉
- 『부르심에 합당한 삶을 위한 소명 찾기』, 케빈&케이 마리 브렌플렉, 강선규, IVP
- 『결국 성공하는 사람들의 사소한 차이』, 이와타 마쓰오, 김윤경, 비즈니스북스
- 『보물지도(당신의 소중한 꿈을 이루는)』, 모치즈키 도시타카, 은영미, 나라원
- 『스무 살, 절대 지지 않기를』, 이지성, 차이정원
- 『소심 청년, 소명을 만나다』, 도현명 · 심센터, 토기장이
- 『꿈꾸는 다락방』, 이지성, 차이정원
- 『멈추지 마, 다시 꿈부터 써봐』, 김수영, 꿈꾸는지구
- 『위대한 나의 발견 강점혁명』, 갤럽 프레스, 청림출판

2. 시간 관리를 위한 책

- 『개구리를 먹어라!』, 브라이언 트레이시, 이옥용, 북앳북스
- 『168시간 일주일 사용법』, 케빈 호건, 이정민, 비전코리아
- 『성과를 지배하는 바인더의 힘』, 강규형, 스타리치북스
- 『소중한 것을 먼저 하라』, 스티븐 코비, 김경섭, 김영사
- 『목표 그 성취의 기술』, 브라이언 트레이시, 정범진, 김영사
- 『18시간 몰입의 법칙』, 이지성, 맑은소리

- 『타임 매직』, 리 코커렐, 배윤신, 다산북스

- 『모든 일에 마감시간을 정하라』, 요시코시 코이치로, 정정일, 원앤원북스

- 『블루 타임』, 최종엽, 거름

- 『성공하는 사람들의 시간관리 습관』, 퀀튼 신들러, 김영선, 문장

3. '하면 된다' 마인드 세팅을 위한 책

- 『이카루스 이야기』, 세스 고딘, 박세연, 한국경제신문사

- 『타이탄의 도구들』, 팀페리스, 박선령, 토네이도

- 『인생에 변명하지 마라』, 이영석, 쌤앤파커스

- 『1%의 가능성을 성공으로 바꾼 사람들』, 이대희, 오늘의책

- 『지금 하지 않으면 언제 하겠는가』, 팀 페리스, 박선영, 토네이도

- 『나는 거대한 꿈을 꿨다』, 이나리, 중앙M&B

- 『미친 집중력』, 김규태, 경향미디어

- 『아주 작은 습관의 힘』, 제임스 클리어, 이한이, 비즈니스북스

- 『나의 하루는 4시 30분에 시작된다』김유진, 토네이도

- 『생각의 비밀』, 김승호, 황금사자

- 『읽어야 산다』, 정회일, 생각정원

4. 부의 마인드 세팅을 위한 책

- 『부의 추월차선』, 엠제이 드마코, 신소영, 토트

- 『기버 1』, 밥 버그 · 존 데이비드 만, 안진환, 포레스트북스

- 『기버 2』, 밥 버그 · 존 데이비드 만, 안진환, 포레스트북스

- 『보도 섀퍼의 돈』, 보도 섀퍼, 이병서, 북플러스

- 『생각하라 그러면 부자가 되리라』, 나폴레온 힐, 유광선, 최강석, 와일드북

- 『나는 4시간만 일한다』, 팀 페리스, 최원형, 윤동준, 다른상상

- 『부자 언니 부자 연습』, 유수진, 세종서적

- 『돈의 속성』, 김승호, 스노우폭스북스

- 『슈퍼리치의 습관』, 신동일, 살림Biz

- 『놓치고 싶지 않은 나의 꿈, 나의 인생』, 나폴레온 힐, 권혁철, 국일미디어

5. 사업하는 데 도움 됐던 책

- 『N잡하는 허대리의 월급 독립 스쿨』, N잡하는 허대리, 토네이도

- 『콘텐츠로 창업하라』, 조풀리지, 강혜정, 세종서적

- 『제로창업』, 요시에 마사루, 기타노 데쓰마사, 이노다임북스

- 『이나모리 가즈오의 왜 사업하는가』, 이나모리 가즈오, 김지영, 다산북스

- 『그대 스스로를 고용하라』, 구본형, 김영사

- 『백만장자 메신저』, 브렌든 버처드, 위선주, 리더스북

- 『핑크 펭귄』, 빌 비숍, 안진환, 스노우폭스북스

- 『보랏빛 소가 온다 1』, 세스 고딘, 남수영, 이주형, 재인

- 『1인 기업을 한다는 것』, 이치엔 가쓰히코, 박재영, 센시오

- 『꼼꼼한 아마존 셀러 가이드북』, 서주영, e비즈북스

- 『P31』, 하형록, 두란노

6. 인생에 도움 됐던 책

- 『죽음의 수용소에서』, 빅터 프랭클, 이시형, 청아출판사

- 『백년을 살아보니』, 김형석, 덴스토리

- 『지선아, 사랑해』, 이지선, 문학동네

- 『독일인의 사랑』, F. 막스 뮐러, 배명자, 더클래식

- 『데일 카네기 자기관리론』, 데일 카네기, 강성복, 리베르

- 『혼자 있는 시간의 힘』, 사이토 다카시, 장은주, 위즈덤하우스

- 『침묵』, 엔도 슈사쿠, 공문혜, 홍성사

- 『언니의 독설』, 김미경, 21세기북스

- 『평균의 종말』, 토드 로즈, 정미나, 21세기북스

- 『팀 켈러, 결혼을 말하다』, 팀 켈러, 최종훈, 두란노서원

- 『내려놓음』, 이용규, 규장

- 『W31』, 하형록, 두란노서원

이외에도 추천해드리고 싶은 책이 너무 많다. 책 추천은 인스타그램 김다니 계정과 유튜브 김다니 채널에서 더 해볼 예정이니 많은 관심 부탁드린다!

가장 좋은 내가 되는 7 STEP 셀프 코칭

셀프 코칭을 통해 나를 관리하자

코칭을 전문적으로 배워볼 기회가 있어서 코칭 교육을 들으면서 셀프 코칭도 도움이 많이 된다는 것을 알게 되었다. 그래서 내게 도움이 되었던 질문들로 7 STEP 셀프 코칭 프로세스를 구성해봤다. 나도 해결하고 싶은 문제가 있거나 지금 당장 무엇을 해야 할지 답답할 때 셀프 코칭을 하는데 문제 해결에 많은 도움을 준다. 진행 방법은 1단계부터 차근차근 질문에 스스로 답해보면 된다. 삶 속에서 해결하고 싶은 문제가 있는데 잘 풀리지 않는다면 아래 1단계부터 하나씩 차례대로 답해보자.

1단계	지금 당신의 삶 속에서 해결하고 싶은 부분이 있다면 무엇인가?
2단계	그렇게 생각하게 된 계기는 무엇인가?
3단계	그 주제가 당신에게 의미하는 바는 무엇인가?

4단계	그 주제 안에서 당신이 이루고 싶은 목표는 무엇이며, 그에 비해 현재 당신의 수준은 어떠한가?
5단계	그 목표를 이루기 위해서 지금 뭘 해볼 수 있을까?
6단계	그렇다면, 그것을 다 이룬다면 기분이 어떨까?
7단계	지금까지 생각해본 해야 할 일들 중에 우선 가장 먼저 뭘 해볼 수 있을까?

질문에 답해보니 어떠한가? 단계별로 셀프 코칭을 진행해보니 고민의 실타래가 조금 해결이 되었는가? 7 STEP 셀프 코칭을 통해 실제 나의 고민을 어떻게 해결해갈 수 있었는지 아래에 한번 담아보았다.

1단계 - 지금 해결하고 싶은 부분은 무엇인가?

하고 싶은 건 많은데 뭐 부터 해야 할지 모르겠고 마음이 답답하고 막막하다.

2단계 - 그렇게 생각하게 된 계기는 무엇인가?

당장 뭔가 시작해서 발전해나가고 싶고 내 콘텐츠와 포트폴리오를 쌓아가고 싶은데 뭐부터 해야 할지 모르겠고 하려는 일이 한 주제로 모여지고 정리된다는 느낌이 들지 않는다.

3단계 – 그 주제가 내게 의미하는 것은 무엇인가?

앞으로 나아갈 방향성이고, 내게 콘텐츠와 포트폴리오는 다른 이들을 도울 수 있는 도구를 의미한다. 여기서 돕는다는 것은 그들이 자신의 선물을 찾고 그 선물을 세상에 나누는 인생을 살며 자신만의 삶에 목적을 찾도록 돕는 것을 뜻한다.

4단계 – 이루고 싶은 목표는 무엇이며, 현재 당신의 수준은 어떠한가?

이루고 싶은 목표는 더 효과적으로 전하고자 하는 메시지를 전하는 것이다. 유튜브와 인스타그램, 블로그, 강연, 책을 통해 백만 명의 사람들에게 넓고 깊게 이 메시지를 전하길 원한다. 현재의 수준은 하나의 콘텐츠를 올릴 때 많이 보면 1~2만 명 사이다. 전하고자 하는 메시지는 명확하게 정해져 있지만 콘텐츠를 계속 좀 더 꾸준하게 올려서 쌓아갈 필요가 있다. 그래서 더 많은 사람들이 보고 도움을 받을 수 있도록 하는 전략이 필요하다.

5단계 – 그 목표를 이루기 위해서 지금 뭘 해볼 수 있을까?

1. 전하고자 하는 내용을 책에 잘 담아서 무사히 출간한다.
2. 블로그, 인스타, 유튜브에 올릴 글과 영상 주제를 10개 미리 구성한다.
3. 강의 에이전시와 강의할 수 있는 기관 5~10군데에 포트폴리오를 보내고 연락을 기다린다.

6단계 - 그것을 다 이룬다면 기분이 어떨까?

너무 뿌듯하고 다른 이들에게 도움이 된다면 너무 기쁠 것 같다.

7단계 - 지금까지 생각해본 것 중, 우선 가장 먼저 뭘 해볼 수 있을까?

22년 4월 30일까지 원고를 잘 마무리하여 출판사에 제출하기.

예시를 잘 참고하여 삶 속에서 해결하고 싶은 문제가 있다면 본인의 삶 속에서도 셀프 코칭을 꼭 적용해보시길 바란다.

이렇게 나는 어려움이 있거나, 답답할 때 셀프 코칭을 유용하게 사용한다. 1단계를 보면 내 문제가 정확히 어떤 것인지 스스로 파악을 하지 못하고 있다는 것을 볼 수 있다. 그런데 계속 단계별로 질문에 대답해보면서 그 문제가 내게 의미하는 바가 무엇인지 깨닫게 되면서 무엇이 정확하게 문제였고 어떻게 해결해가면 되는지 알 수 있게 되었다. 단계별로 질문에 답하다 보면 내 속에 엉켜 있던 문제들이 자연스레 정리되고, 보이지 않았던 해결책이 보이게 된다.

이처럼 그 목표가 본인에게 어떤 의미를 주는지 생각해보고 현재 상태와 이루고 싶은 목표와의 갭 차이를 눈으로 직접 보며 지금 당장 할 수 있는 일을 찾아서 해본다면 생각에서만 그치지 않고 행동으로 바로 옮길 수 있다. 만약, 당신이 그러한 상황이라면 축하한다! 당신은 문제의 해결을 향해서 한 걸음 내딛은 것이다.